Langenscheidt Kurzgrammatik

Latein

Von Linda Strehl

Langenscheidt

Impressum

Lektorat: Anne Ley
Layout: Ute Weber
Umschlaggestaltung: Guter Punkt, München

Kostenloser Download Ihres Bonusmaterials

Gehen Sie folgendermaßen vor:

1. Gehen Sie auf die Seite www.langenscheidt.com/bonusmaterial
2. Geben Sie dort den Code kl205 ein.
3. Klicken Sie auf den Button „aktivieren“.
4. Klicken Sie auf Ihr gewünschtes Zusatzmaterial (PDF mit zusätzlichen Übungen).

Gestaltung Kapitelauftaktseiten: Das Illustrat, München

Stefano Cavoretto / Shutterstock (S. 14), ZoneCreative / Shutterstock (S. 28), bikeriderlondon / Shutterstock (S. 35), Ysbrand Cosijn / Shutterstock (S. 38), lassedesignen / Shutterstock (S. 46), Antonio Guillem / Shutterstock (S. 60), taro911 Photographer / Shutterstock (S. 81), Cameron Whitman / Shutterstock (S. 85), debasige / Shutterstock (S. 91), Ollyy / Shutterstock (S. 96), Katy Spichal / Shutterstock (S. 101); Valery Sidelnykov / Shutterstock (S. 107), wavebreakmedia / Shutterstock (S. 114), Javier Brosch / Shutterstock (S. 122), Sunny studio / Shutterstock (S. 130), g-stockstudio / Shutterstock (S. 136).

4. Auflage 2019

www.langenscheidt.com

Satz: Franzis print & media GmbH, München
Druck und Bindung: Multiprint GmbH, Kostinbrod

ISBN 978-3-12-563111-3

Vorwort

Mit unserer Kurzgrammatik Latein bieten wir Ihnen ein Rundum-sorglos-Paket für den schnellen Überblick: Die Schnell-Lern-Methode, Musterkonjugationen und zusätzliche Übungen zum Download bringen Sie leicht und sicher ans Ziel!

Um Ihnen von Anfang an den Zugang zur lateinischen Grammatik zu erleichtern, verraten wir Ihnen eingangs **Tipps & Tricks** zum Grammatiklernen. Im Anhang finden Sie **Musterkonjugationen** der wichtigsten Verben.

Der **Kapitel-Aufbau** des Buchs folgt einer klaren Struktur: Zunächst werden die Formen präsentiert, dann wird ihr Gebrauch erörtert und durch Beispiele mit Übersetzung veranschaulicht. Die farbige Gestaltung und viele selbsterklärende Symbole tragen dazu bei, dass Sie sich innerhalb der Kapitel gut zurechtfinden.

Nutzen Sie die Schnell-Lern-Methode, um sich einen Überblick zu verschaffen und sich das Wichtigste noch leichter einzuprägen: Nach abgeschlossenen Themenschwerpunkten präsentieren die blauen Seiten **Auf einen Blick** die wichtigsten Regeln und Stolpersteine.

Damit Sie Ihren Lernerfolg überprüfen können, finden Sie am Ende des Buches einen **Test** zu jedem einzelnen Grammatikkapitel.

Nutzen Sie unsere zusätzlichen **Übungen zum Download** (den Zugangscode finden Sie im Impressum auf S. 2), um sich weiter zu verbessern. Hier können Sie Ihre Grammatikkenntnisse perfektionieren und das Gelernte festigen.

Viel Spaß und Erfolg beim Lateinlernen wünscht Ihnen Ihre Langenscheidt-Redaktion!

Symbole

- Infos über Spracheigenheiten des Lateinischen
- Merksatz
- Achtung, Stolpersteine!
- Hier handelt es sich um eine Ausnahme!
- Lerntipp
- Kleine Hilfestellung
- Grundregel
- verweist auf den Zusammenhang von Grammatikthemen

Abkürzungen

Abl.	Ablativ	*n.*	Neutrum
adj.	adjektivisch	*Nom.*	Nominativ
Akk.	Akkusativ	*Obj.*	Objekt
bzw.	beziehungsweise	*Part.*	Partizip
Dat.	Dativ	*Pers.*	Person
f.	Femininum	*Pl.*	Plural
Fut.	Futur	*Präs.*	Präsens
Gen.	Genitiv	*Perf.*	Perfekt
Imp.	Imperativ	*Plusqu.*	Plusquamperfekt
Imperf.	Imperfekt	*PPP*	Partizip Perfekt Passiv
Ind.	Indikativ	*Sing.*	Singular
Inf.	Infinitiv	*subst.*	substantivisch
Konj.	Konjunktiv	*Vok.*	Vokativ
Konjug.	Konjugation	*z. B.*	zum Beispiel
m.	Maskulinum		

Inhaltsverzeichnis

Tipps & Tricks: Grammatik lernen, fast kinderleicht

Beneiden Sie nicht auch manchmal Kinder, die eine Sprache so ganz einfach nebenbei lernen, ohne sich über lästige Grammatikregeln oder fehlerhafte Konstruktionen Gedanken zu machen? Ganz so sorglos können wir Ihnen die Grammatik nicht nahebringen, aber nichtsdestotrotz heißt Sprachenlernen und insbesondere Grammatiklernen nicht zwingend stures Auswendiglernen und langweiliges Regelpauken. Um Ihnen den Umgang mit Grammatik etwas zu erleichtern, verraten wir Ihnen hier einige praktische Tipps & Tricks zum Grammatiklernen.

Das Gesetz der Regelmäßigkeit

Grammatik ist wie Sport. Wer nur einmal alle Jubeljahre trainiert, wird wohl kein Marathonläufer. Es ist sinnvoller, regelmäßig ein wenig als unregelmäßig viel zu lernen. Setzen Sie einen bestimmten Zeitpunkt fest, zu dem Sie sich ungestört der Fremdsprache widmen können, z. B. täglich eine Viertelstunde vor dem Einschlafen oder drei Mal wöchentlich in der Mittagspause. Wie immer Sie sich entscheiden: Lernen Sie kontinuierlich, denn nur so lässt sich Ihr Langzeitgedächtnis trainieren.

Aufwärmen lohnt sich

Gelernten Stoff zu wiederholen ist wie leichtes Joggen: Laufen Sie sich warm mit Altbekanntem, bevor Sie sich an Neues wagen. Auch wenn ständig neue Grammatikregeln auf Sie zukommen, darf das bereits Erlernte nicht vernachlässigt werden.

L! Das Salz in der Suppe

Versuchen Sie niemals zu viele Grammatikregeln auf einmal zu lernen. Man verliert schnell den Überblick und vergisst die Details. Verwenden Sie Grammatik wie das Salz in der Suppe. Ebenso, wie man eine Suppe versalzen kann, kann man sich das Erlernen einer Fremdsprache erschweren, indem man versucht, sich zu viele Grammatikregeln auf einmal einzuprägen. Lernen Sie langsam, stetig und zielorientiert und verdauen Sie in kleinen Häppchen. Nur Geduld!

L! Wer ist schon perfekt ...

Immer locker bleiben! Lassen Sie sich nicht von Perfektionsgedanken leiten. Perfektion ist nicht das vordergründigste Ziel beim Erlernen einer Fremdsprache. Sehen Sie es vielmehr als Chance, Ihren Erfahrungsschatz zu erweitern. Versuchen Sie nicht, alles richtig zu machen, sondern lassen Sie Ihrer Lust am sprachlich Neuen und Andersartigen freien Lauf.

L! Fehleranalyse gegen Fettnäpfchen

Haben Sie keine Angst vor Fehlern! Es ist nicht das Ziel des Lernens, keine Fehler zu machen, sondern gemachte Fehler zu bemerken. Nur wer einen Fehler im Nachhinein erkennt, kann ihn beim nächsten Mal vermeiden. Das Beherrschen grammatischer Grundregeln ist dabei durchaus hilfreich: Mithilfe der Regeln kann man die eigenen Fehler besser erkennen und dann auch nachvollziehen. Wenn man sich die Regeln gut einprägt, tritt man garantiert kein zweites Mal in dasselbe Fettnäpfchen.

L! Begeben Sie sich nicht ins Abseits

Grammatik ist spannend, wenn man sich einen Einblick in ihre Strukturen verschafft. Vergleichen Sie Grammatik auch in diesem Sinne mit Sport. Jede Sportart wird erst dann so richtig interessant, wenn man in der Lage ist, ihre Regeln nachzuvollziehen. Oder würden Sie auch Fußball oder Tennis anschauen, wenn es für Sie nur ein sinnfreies „Dem-Ball-Nachlaufen" darstellen würde? Betrachten Sie eine Fremdsprache als eine Sportart, deren komplizierte Spielregeln Sie allmählich erlernen, um mitspielen und mitreden zu können, damit Sie nicht im Abseits landen.

L! Haben Sie einen Typ?

Finden Sie heraus, welcher Lerntyp Sie sind. Behalten Sie eine Regel schon im Gedächtnis, wenn Sie sie gehört haben (*Hörtyp*) oder müssen Sie sie gleichzeitig sehen (*Seh-, Lesetyp*) und dann aufschreiben (*Schreibtyp*)? Macht es Ihnen Spaß, Grammatikregeln in kleinen Rollenspielen auszuprobieren (*Handlungstyp*)? Die meisten Menschen tendieren zum einen oder anderen Lerntyp. Reine Typen kommen nur sehr selten vor. Sie sollten daher sowohl Ihren Typ ermitteln als auch Ihre Lerngewohnheiten Ihren Vorlieben anpassen. Halten Sie also Augen und Ohren offen und lernen Sie ruhig mit Händen und Füßen, wenn Sie der Typ dafür sind.

L! Sags mit einem Post-it

Auf Post-its wurden schon Heiratsanträge gemacht oder Beziehungen beendet. Also ist es kein Wunder, dass man damit auch Grammatik lernen kann. Schreiben Sie sich einzelne Regeln (idealerweise mit Beispielen, s. u.) separat auf Blätter oder Post-its und hängen Sie sie dort hin, wo Sie sie täglich sehen können, z. B. ins Bad über den Spiegel, an den Computer, den Kühlschrank oder neben die Kaffeemaschine. So verinnerlichen Sie bestimmte Regeln ganz nebenbei. Denn das Auge lernt mit.

Beispielsätze gegen Trockenfutter

Trockenfutter ist schwer verdaulich. Einzelne Grammatikregeln trocken aufzunehmen ebenso. Ergänzen Sie jede Regel mit Beispielsätzen. Wenn Ihnen die Beispiele, die Sie in den Lehrbüchern finden, nicht gefallen, formulieren Sie eigene! Fortgeschrittene können auch in Originaltexten nach konkreten Anwendungsbeispielen suchen und diese einer bestimmten Regel zuordnen. So werden die Texte zu einem Suchrätsel und die Grammatikregeln leicht bekömmlich.

Grammatik à la Karte

Wie beim Vokabellernen lässt sich auch für die Grammatik eine Art Karteikasten mit einzelnen Karten anlegen. Schreiben Sie eine Regel, eine Ausnahme oder ein Stichwort auf die eine Seite und Beispiele, Anwendungen oder Lösungen auf die andere. Schauen Sie sich die Karten regelmäßig an und sortieren Sie die, die Ihnen vertraut sind, allmählich aus.

Haben Sie einen Plan?

Schreiben Sie zusammengehörende Grammatikregeln auf einem großen Bogen Papier, knapp und präzise, eventuell mit Zeichnungen, Verweisen und kurzen Beispielen überschaubar zusammen und erstellen Sie Ihren persönlichen Lageplan. Mithilfe sogenannter *mind maps* gewinnen Sie schon durch das bloße Erstellen des Plans ganz schnell Einblick in die Struktur der Sprache und verschaffen sich einen schnellen übersichtlichen Gesamtüberblick. Ob Sie dieses Papier dann auch irgendwo hinhängen oder nicht, ist nicht ausschlaggebend, denn Sie haben dann ja den Plan schon im Kopf.

L! Setzen Sie Ihrer Phantasie keine Grenzen
Machen Sie sich im wahrsten Sinne ein Bild von der Situation, denn auch Bilder, die Sie im Kopf haben, dienen als Gedächtnisstützen. Versuchen Sie also, einen neuen grammatischen Begriff oder eine schwierige Regel mit einem einfachen Bild zu verknüpfen. Vor allem das Erlernen der Zeiten funktioniert besser, wenn Sie sich das, was die jeweilige Zeitform ausdrückt, visuell vorstellen. Diese Vorstellungen können abstrakt oder konkret sein. Je gefühlsintensiver ein Bild ist, desto einprägsamer ist der damit in Verbindung gebrachte grammatische Inhalt.

L! Gretchenfrage: Und wie stehts mit der Muttersprache?
Denken Sie über Ihre eigenen Sprechgewohnheiten nach und schauen Sie sich die Regeln Ihrer Muttersprache an. Die Gesetze der Fremdsprache sind viel einfacher nachvollzieh- und erlernbar, wenn man die Unterschiede zur eigenen Sprache kennt.

L! Tauschen Sie Grammatik gegen Sauerbraten
Versuchen Sie, einer anderen Person (Kind, Freund/in, Partner) die grammatischen Eigenarten einer Fremdsprache zu erklären. Niemand lernt besser als jemand, der andere unterrichtet und sich dabei die Regeln noch mal selbst bewusst macht. Dafür erklärt Ihr Kind Ihnen sicher bei Bedarf, wie man eine MMS verschickt, oder Ihre Schwiegermutter, wie man Sauerbraten zubereitet.

L! Eigenlob stinkt nicht immer
Schauen Sie auf das, was Sie bereits gelernt haben. Loben Sie sich für gemachte Fortschritte oder belohnen Sie sich für gute Leistungen. Lob motiviert und Motivation ist eine grundlegende Voraussetzung fürs Lernen.

L! Beweisen Sie Taktgefühl
Klopfen Sie im Takt dazu (z. B. auf die Tischplatte), wenn Sie sich Grammatikregeln, feste Wendungen oder Beispielsätze einprägen wollen. Takt und Rhythmus fördern Ihr Erinnerungsvermögen. Eventuell hilft auch musikalische Unterstützung in Form von Hintergrundmusik. Und beim Wiederholen der Regeln und Strukturen können Sie Ihr Taktgefühl und Ihr Gedächtnis unter Beweis stellen.

L! Hemmungslos werden
Auch wenn die Beschäftigung mit Grammatik nicht zu Ihren bevorzugten Freizeitaktivitäten gehört, sollten Sie, um Abneigungen, Hemmungen oder Widerwillen abzubauen, die Sprachregeln mit anderen, alltäglichen Regeln vergleichen. Straßenverkehrsregeln, mathematische Grundregeln, Regeln von Sportarten etc. sind Ihnen heute völlig vertraut, mussten jedoch erst einmal von Ihnen gelernt werden. Auch die Regeln der Grammatik werden Sie eines Tages verinnerlicht haben und ohne viel Aufhebens anwenden können.

L! Haben Sie O-Töne?
Lernen Sie multimedial. Inzwischen gibt es nicht nur bekannte Bücher, die ins Lateinische übersetzt wurden (das beste Beispiel ist wohl *Harry Potter*), sondern auch Podcasts von Nachrichten im Radio auf Lateinisch zum Download sowie lateinische Musik von Hip-Hop-Bands. Wer sich nicht darauf beschränken möchte, anderen zuzuhören, kann jederzeit einem der vielen Foren beitreten, in denen ausschließlich in lateinischer Sprache kommuniziert wird. Bei so viel Auswahl dürfte doch für jeden etwas dabei sein ...

Viel Spaß beim Lateinlernen wünscht Ihnen
Ihre Langenscheidt-Redaktion

„Im Wein liegt Wahrheit."

{ *„In vino veritas."* }

1 Das Substantiv

Das Substantiv

🛈 Substantive gehören wie Adjektive, Pronomen und Zahlwörter zu den Nomen und sind flektierbar (veränderlich).

Wie im Deutschen wird die Form des lateinischen Nomens durch den Kasus, den Numerus und das Genus bestimmt. Im Lateinischen gibt es sechs Kasus:

Nominativ	„wer oder was?“
Genitiv	„wessen?“
Dativ	„wem?“
Akkusativ	„wen oder was?“
Ablativ	„womit?“, „wodurch?“, „wo?“, „wann?“
Vokativ	Anredefall

🛈 Der Numerus eines Nomens ist entweder Singular oder Plural. ⚡ Einige Substantive kommen nur im Plural vor, z. B. dīvitiae, dīvitiārum *der Reichtum*.

L! Kasus und Numerus kann man an den Endungen erkennen. Lernen Sie deshalb immer gleich den Genitiv mit, damit Sie wissen, von welchem Wortstamm die weiteren Kasus gebildet werden: iter, itineris *der Weg, die Reise*.

🛈 Wie im Deutschen gibt es im Lateinischen drei Genera: Maskulinum (männliches Geschlecht), Femininum (weibliches Geschlecht) und Neutrum (sächliches Geschlecht). Das Genus erkennt man in der Regel an der Nominativendung und der Deklinationszugehörigkeit. Männliche Personen, Flüsse und Winde sind Maskulina, weibliche Personen und Bäume sind Feminina. Nicht deklinierbare Wörter gelten als Neutra.

Im Lateinischen gibt es keinen Artikel, z. B. heißt **puella** je nach Zusammenhang *das Mädchen, ein Mädchen* oder nur *Mädchen*.

Man unterscheidet fünf Deklinationen: ā-Deklination, o-Deklination, u-Deklination, ē-Deklination und die dritte Deklination, die aus der konsonantischen, der i-Deklination und der gemischten Deklination besteht.

1.1 Die erste oder ā-Deklination

Formen

	Femininum Sing.	 Pl.
Nom.	amīc**a** *die Freundin*	amīc**ae** *die Freundinnen*
Gen.	amīc**ae** *der Freundin*	amīc**ārum** *der Freundinnen*
Dat.	amīc**ae** *der Freundin*	amīc**īs** *den Freundinnen*
Akk.	amīc**am** *die Freundin*	amīc**ās** *die Freundinnen*
Abl.	amīc**ā** *durch die Freundin*	amīc**īs** *durch die Freundinnen*
Vok.	amīc**a**! *Freundin!*	amīc**ae**! *Freundinnen!*

Die Substantive der ā-Deklination sind Feminina. Der Vokativ entspricht dem Nominativ.

Aber: **agricola**, **-ae** *der Bauer*, **poēta**, **-ae** *der Dichter* und **nauta**, **-ae** *der Seemann* sind maskulin.

Nur im Plural kommen folgende Wörter vor: **dīvitiae**, **-ārum** *der Reichtum*, **īnsidiae**, **-ārum** *der Hinterhalt*, **reliquiae**, **-ārum** *der Rest*.

1.2 Die zweite oder o-Deklination

Formen

		amīcus (m.) *der Freund*	**ager (m.)** *das Feld*	**dōnum (n.)** *das Geschenk*
Sing.	**Nom.**	amīc**us**	ager	dōn**um**
	Gen.	amīc**ī**	agr**ī**	dōn**ī**
	Dat.	amīc**ō**	agr**ō**	dōn**ō**
	Akk.	amīc**um**	agr**um**	dōn**um**
	Abl.	amīc**ō**	agr**ō**	dōn**ō**
	Vok.	amīc**e**!	(ager!)	(dōn**um**!)
Pl.	**Nom.**	amīc**ī**	agr**ī**	dōn**a**
	Gen.	amīc**ōrum**	agr**ōrum**	dōn**ōrum**
	Dat.	amīc**īs**	agr**īs**	dōn**īs**
	Akk.	amīc**ōs**	agr**ōs**	dōn**a**
	Abl.	amīc**īs**	agr**īs**	dōn**īs**
	Vok.	amīc**ī**!	(agr**ī**!)	(dōn**a**!)

Die Substantive der o-Deklination auf -us und -er sind Maskulina, die auf -um sind Neutra. Bei den Substantiven auf -er bleibt das -e- entweder erhalten (puer, puerī *der Junge*) oder es entfällt (ager, agrī *der Acker*).

Ausnahmen: Feminina sind humus, -ī *der Boden* sowie die Bäume, Länder, Inseln und Städte: Aegyptus, -ī *Ägypten*, Rhodus, -ī *Rhodos*, Corinthus, -ī *Korinth*. Neutrum ist vulgus, -ī *die Volksmenge*.

Nur im Plural kommen vor: liberī, -ōrum (m.) *die Kinder*, castra, -ōrum (n.) *das Lager*, arma, -ōrum (n.) *die Waffen*.

Die Maskulina auf -us bilden den Vokativ mit -e.

1.3 Die dritte Deklination

Zur dritten Deklination gehören die Konsonantenstämme, die i-Stämme und die Mischklasse.

1.3.1 Die Konsonantenstämme

Formen

		labor (m.) *die Arbeit*	**regiō (f.)** *das Gebiet*	**foedus (n.)** *das Bündnis*	**flumen (n.)** *der Fluss*
Sing.	**Nom.**	labor	regiō	foedus	flumen
	Gen.	labōr**is**	regiōn**is**	foeder**is**	flumin**is**
	Dat.	labōr**ī**	regiōn**ī**	foeder**ī**	flumin**ī**
	Akk.	labōr**em**	regiōn**em**	foedus	flumen
	Abl.	labōr**e**	regiōn**e**	foeder**e**	flumin**e**
Pl.	**Nom.**	labōr**ēs**	regiōn**ēs**	foeder**a**	flumin**a**
	Gen.	labōr**um**	regiōn**um**	foeder**um**	flumin**um**
	Dat.	labōr**ibus**	regiōn**ibus**	foeder**ibus**	flumin**ibus**
	Akk.	labōr**ēs**	regiōn**ēs**	foeder**a**	flumin**a**
	Abl.	labōr**ibus**	regiōn**ibus**	foeder**ibus**	flumin**ibus**

Die Substantive der Konsonantenstämme haben im Ablativ Singular die Endung -e und im Genitiv Plural die Endung -um.

Maskulina sind die Wörter auf:

-or, -ōris	lābor, lābōris *die Arbeit*
-ōs, -ōris	mōs, mōris *die Sitte*
-er, -eris	agger, aggeris *der Damm*
-es, -itis	mīles, mīlitis *der Soldat*
-l, -lis	sōl, sōlis *die Sonne*

Ausnahmen:

- feminin: arbor, arboris *der Baum*
- Neutra sind aequor, aequoris *die Meeresfläche*, ōs, ōris *der Mund*, vēr, vēris *der Frühling*, iter, itineris *der Weg, die Reise*, aes, aeris *das Erz.*

Feminina sind die Wörter auf:

-ō, -ōnis	regiō, regiōnis *die Gegend*
-ō, -inis	orīgō, orīginis *der Ursprung*
-ās, -ātis	aestās, aestātis *der Sommer*
-ēs, -ēdis	mercēs, mercēdis *der Lohn*
-ēs, -ētis	quiēs, quiētis *die Ruhe*
-ōs, -ōtis	dōs, dōtis *die Gabe*
-ūs, -ūdis	palūs, palūdis *der Sumpf*
-ūs, -ūtis	virtūs, virtūtis *die Tugend*
-x, -cis	vōx, vōcis *die Stimme*
-x, -gis	lēx, lēgis *das Gesetz*
-bs, -bis	plēbs, plēbis *das Volk*
sowie	hiems, hiemis *der Winter*

Ausnahmen: Maskulina sind homō, hominis *der Mensch*, sermō, sermōnis *das Gespräch*, ōrdō, ōrdinis *die Ordnung*, leō, leōnis *der Löwe*, sanguis, sanguinis *das Blut*, obses, obsidis *die Geisel*, pēs, pedis *der Fuß*, pariēs, parietis *die Wand*, lapis, lapidis *der Stein*, grex, gregis *die Herde*, vertex, verticis *der Scheitel*.

Neutra sind die Wörter auf:

-men, -minis	nūmen, nūminis *die Gottheit*
-us, -eris	genus, generis *das Geschlecht*
-us, -oris	corpus, corporis *der Körper*
sowie	caput, capitis *der Kopf*, robur, roboris *die Kraft*, iūs, iūris *das Recht*

1.3.2 Die i-Stämme

Formen

		turris (f.) *der Turm*	**mare (n.)** *das Meer*	**animal (n.)** *das Tier*
Sing.	**Nom.**	turris	mare	animal
	Gen.	turr**is**	mar**is**	animāl**is**
	Dat.	turrī	marī	animālī
	Akk.	turr**im**	mar**e**	animal
	Abl.	turrī	marī	animālī
Pl.	**Nom.**	turrēs	mar**ia**	animāl**ia**
	Gen.	turr**ium**	mar**ium**	animāl**ium**
	Dat.	turr**ibus**	mar**ibus**	animāl**ibus**
	Akk.	turrēs	mar**ia**	animāl**ia**
	Abl.	turr**ibus**	mar**ibus**	animāl**ibus**

Die Substantive der i-Stämme haben im Ablativ Singular die Endung -ī und im Genitiv Plural die Endung -ium.

Feminina sind die gleichsilbigen Wörter auf:

-is, -is	**turris, turris** *der Turm*, **sitis, sitis** *der Durst*, **vīs** *die Kraft* (Sing.), **vim, vī**

Neutra sind die Wörter auf:

-al, -ālis	**animal, animālis** *das Tier*
-ar, -aris	**par, pāris** *das Gleiche*
-e, -is	**mare, maris** *das Meer*

1.3.3 Die Mischklasse

Formen

		nāvis (f.) *das Schiff*	**nox (f.)** *die Nacht*	**cor (n.)** *das Herz*
Sing.	**Nom.**	nāvis	nox	cor
	Gen.	nāv**is**	noct**is**	cord**is**
	Dat.	nāv**ī**	noct**ī**	cord**ī**
	Akk.	nāv**em**	noct**em**	cor
	Abl.	nāv**e**	noct**e**	cord**e**
Pl.	**Nom.**	nāv**ēs**	noct**ēs**	cord**a**
	Gen.	nāv**ium**	noct**ium**	cord**ium**
	Dat.	nāv**ibus**	noct**ibus**	cord**ibus**
	Akk.	nāv**ēs**	noct**ēs**	cord**a**
	Abl.	nāv**ibus**	noct**ibus**	cord**ibus**

Die Substantive der Mischklasse haben im Ablativ Singular die Endung -e und im Genitiv Plural die Endung -ium.

Feminina sind
- die gleichsilbigen Wörter auf:

-is, -is	classis, classis *die Flotte*
-ēs, -is	nūbēs, nūbis *die Wolke*

Aber: Die Wörter auf -nis sind Maskulina, z. B. fīnis, fīnis *das Ende*, ignis, ignis *das Feuer*, genauso wie collis, collis *der Hügel*, orbis, orbis *der Kreis*, mēnsis, mēnsis *der Monat*, piscis, piscis *der Fisch*.

- die Wörter mit zwei oder mehr Konsonanten am Ende des Wortstocks:

-rb-	urbs, ur**b**is *die Stadt*
-rp-	stirps, stir**p**is *die Wurzel*
-rc-	arx, ar**c**is *die Burg*
-rt-	sors, sor**t**is *das Schicksal*
-nt-	gēns, gen**t**is *der Stamm*
-nd-	frōns, fron**d**is *das Laub*
-ct-	nox, no**ct**is *die Nacht*

Ebenso: fraus, fraudis *der Betrug*, līs, lītis *der Streit*, nix, nivis *der Schnee*, carō, carnis *das Fleisch*

Aber: Die folgenden Substantive sind Maskulina: imber, imbris *der Regen*, venter, ventris *der Magen*, dens, dentis *der Zahn*, fōns, fontis *die Quelle*, mōns, montis *der Berg* und pōns, pontis *die Brücke*.

Neutra sind: lac, lactis *die Milch*, mel, mellis *der Honig*, cor, cordis *das Herz*.

Unregelmäßige Formen: pater, patris (m.) *der Vater*, māter, mātris (f.) *die Mutter*, frāter, frātris (m.) *der Bruder*, canis, canis (m.) *der Hund*, iuvenis, iuvenis (m.) *der junge Mann*, sēdes, sēdis (f.) *der Sitz* haben im Gen. Pl. -um.

⚡ Die folgenden Substantive sind Pluralwörter: **faucēs, faucium** (f.) *der Schlund*, *die Schlucht*, **Alpēs, Alpium** (f.) *die Alpen*.

ⓘ Einige Substantive haben im Plural eine andere Bedeutung als im Singular:

Sing.	**Pl.**
aedēs, aedis (f.) *der Tempel*	aedēs, aedium (f.) *das Haus*
fīnis, fīnis (m.) *die Grenze*	fīnēs, fīnium (m.) *das Gebiet*
pars, partis (f.) *der Teil*	partēs, partium (f.) *die Partei*

1.4 Die u-Deklination

Formen

		passus (m.) *der Schritt*	**cornu (n.)** *das Horn*
Sing.	**Nom.**	pass**us**	corn**ū**
	Gen.	pass**ūs**	corn**ūs**
	Dat.	pass**uī**	corn**uī** (-**ū**)
	Akk.	pass**um**	corn**ū**
	Abl.	pass**ū**	corn**ū**
Pl.	**Nom.**	pass**ūs**	corn**ua**
	Gen.	pass**uum**	corn**uum**
	Dat.	pass**ibus**	corn**ibus**
	Akk.	pass**ūs**	corn**ua**
	Abl.	pass**ibus**	corn**ibus**

Die Substantive der u-Deklination sind entweder Maskulina auf **-us** oder Neutra auf **-ū**:

-us, -ūs	cursus, cursūs (m.) *der Lauf*
-ū, -ūs	cornū, cornūs (n.) *das Horn*

Aber: Die Substantive **manus, manūs** *die Hand*, **porticus, porticūs** *der Säulengang*, **domus, domūs** *das Haus* und **tribus, tribūs** *das Stadtviertel* sind Feminina.

1.5 Die ē-Deklination

Formen

	rēs *die Sache* Sing.	Pl.
Nom.	rēs	rēs
Gen.	reī	rērum
Dat.	reī	rēbus
Akk.	rem	rēs
Abl.	rē	rēbus

Die Substantive der ē-Deklination sind Feminina:

fidēs, fideī *die Treue*
spēs, speī *die Hoffnung*

Aber: **Diēs, dieī** *der Tag* und **merīdiēs, merīdieī** *der Mittag* sind Maskulina. Achtung: In der Bedeutung *Termin* ist **diēs** Femininum: **diēs constitūta** *der vereinbarte Termin*.

Auf einen Blick

Die ā- und die ō-Deklination

Die Substantive der **ā-Deklination** sind Feminina. Die Substantive der **o-Deklination** auf -us (z. B. **hortus, -ī** *Garten*) und -er (z. B. **puer, -ī** *Junge*) sind Maskulina; Ausnahmen: z. B. **vulgus, -ī** (n.) *Volksmenge*; ebenso Bäume, Länder, Inseln und Städte, z. B. **Dēlus, -ī** (f.) *Delos*. Substantive auf -um (z. B. **templum, -ī** *Tempel*) sind Neutra.
⚡ Einige Substantive, die der ā-Deklination folgen, sind Maskulina, z. B. poēta, -ae (m.) *Dichter*.
Die Endungen der ā-Deklination im Nominativ, Genitiv, Dativ, Akkusativ und Ablativ lauten:

Sing. f.	vill**a**, vill**ae**, vill**ae**, vill**am**, vill**ā**
Pl. f.	vill**ae**, vill**ārum**, vill**īs**, vill**ās**, vill**īs**

Die Endungen der o-Deklination lauten:

Sing. m.	amic**us**, amic**ī**, amic**ō**, amic**um**, amic**ō**
Pl. m.	amic**ī**, amic**ōrum**, amic**īs**, amic**ōs**, amic**īs**
Sing. n.	templ**um**, templ**ī**, templ**ō**, templ**um**, templ**ō**
Pl. n.	templ**a**, templ**ōrum**, templ**īs**, templ**a**, templ**īs**

Die dritte Deklination

Die Substantive der dritten Deklination haben im Nominativ Singular verschiedene Ausgänge und können alle Genera haben, z. B.: furor, -ōris *Wut*, rōbur, -oris (n.) *Kraft*, turris, -is (f.) *Turm*, animal, -is (n.) *Tier*.
Diese Endungen sind immer gleich:

Sing.	Gen. -is, Dat. -ī, Akk. -em (nur m./f.)
Pl.	Dat. -ibus, Akk. -ēs (nur m./f.), Abl. -ibus

Die dritte Deklination unterscheidet drei Gruppen:

- **Konsonantenstämme:** Ablativ Singular -e; Genitiv Plural -um; Nominativ = Akkusativ Singular Neutrum; Nominativ/Akkusativ Neutrum Plural -a: furōr**e** *durch die Wut*, arbor**um** *der Bäume*, foeder**a** *die Bündnisse*
- **i-Stämme:** Ablativ Singular -i; Genitiv Plural -ium; Nominativ = Akkusativ Singular Neutrum; Nominativ/Akkusativ Neutrum Plural -ia: sit**ī** *dem Durst*, turr**ium** *der Türme*, animal**ia** *die Tiere*
- **Mischklasse:** im Singular die Endungen der Konsonantenstämme, im Plural die Endungen der i-Stämme, also: Ablativ Singular -e; Genitiv Plural -ium; Nominativ = Akkusativ Singular Neutrum; Nominativ/Akkusativ Neutrum Plural -a: in urb**e** *in der Stadt*, gent**ium** *der Stämme*, cord**a** *die Herzen*

Die u-Deklination und die ē-Deklination

Die Substantive der **u-Deklination** sind entweder Maskulina auf -us oder Neutra auf -ū, z. B. passus, -ūs *Schritt*, cornū, -ūs *Horn*, die der **ē-Deklination** sind meist Feminina, z. B. rēs, reī *Sache*.

⚡ Einige der Substantive der **u-Deklination** sind Feminina: manus, -ūs *Hand*, domus, -ūs *Haus*.

So sieht das Deklinationsmuster der u-Deklination aus:

Sing. f.	man**us**, man**ūs**, man**uī**, man**um**, man**ū**
Pl. f.	man**ūs**, man**uum**, man**ibus**, man**ūs**, man**ibus**
Sing. n.	corn**ū**, corn**ūs**, corn**uī** (**-ū**), corn**ū**, corn**ū**
Pl. n.	corn**ua**, corn**uum**, corn**ibus**, corn**ua**, corn**ibus**

Die Endungen der ē-Deklination lauten folgendermaßen:

Sing. f.	**rēs**, **reī**, **reī**, **rem**, **rē**
Pl. f.	**rēs**, **rērum**, **rēbus**, **rēs**, **rēbus**

„Ich trete öffentlich auf.“

{ „In publicum prodeo.“ }

2 Das Adjektiv

2.1 Die erste (ā-) und zweite oder (o-)Deklination

2.2 Die dritte Deklination

Das Adjektiv

Adjektive beschreiben Eigenschaften. Sie richten sich in Kasus, Numerus und Genus nach dem Substantiv, zu dem sie gehören.

2.1 Die erste (ā-) und zweite (o-)Deklination

Zu den Adjektiven der ā- und o-Deklination gehören Adjektive auf -us, -a, -um sowie Adjektive auf -er. Letztere unterscheiden sich von denen auf -us nur im Nominativ Singular. Bei einigen entfällt in allen Formen im Wortstock das -e-, z. B. pulcher, pulchra, pulchrum *schön*, niger, nigra, nigrum *schwarz*.

Formen

		bonus *gut* m.	f.	n.
Sing.	**Nom.**	bon**us**	bon**a**	bon**um**
	Gen.	bon**ī**	bon**ae**	bon**ī**
	Dat.	bon**ō**	bon**ae**	bon**ō**
	Akk.	bon**um**	bon**am**	bon**um**
	Abl.	bon**ō**	bon**ā**	bon**ō**
Pl.	**Nom.**	bon**ī**	bon**ae**	bon**a**
	Gen.	bon**ōrum**	bon**ārum**	bon**ōrum**
	Dat.	bon**īs**	bon**īs**	bon**īs**
	Akk.	bon**ōs**	bon**ās**	bon**a**
	Abl.	bon**īs**	bon**īs**	bon**īs**

Gebrauch

ⓘ Bei einem Adjektiv steht meist ein Substantiv: **servus liber** *der freie Sklave*, **cena bona** *gutes Essen*.

⚡ Daneben gibt es substantivierte Adjektive, also Adjektive, die ohne ein Substantiv stehen und wie ein Substantiv verwendet werden: **posterī, -ōrum** (m.) *die Nachkommen*, **superī, -ōrum** (m.) *die Götter des Himmels*, **īnferī, -ōrum** (m.) *die Unterirdischen, die Unterwelt*.

2.2 Die dritte Deklination

2.2.1 Die Konsonantenstämme

Formen

		vetus *alt*		
		m.	**f.**	**n.**
Sing.	**Nom.**	vetus	vetus	vetus
	Gen.	veter**is**	veter**is**	veter**is**
	Dat.	veter**ī**	veter**ī**	veter**ī**
	Akk.	veter**em**	veter**em**	vetus
	Abl.	veter**e**	veter**e**	veter**e**
Pl.	**Nom.**	veter**ēs**	veter**ēs**	veter**a**
	Gen.	veter**um**	veter**um**	veter**um**
	Dat.	veter**ibus**	veter**ibus**	veter**ibus**
	Akk.	veter**ēs**	veter**ēs**	veter**a**
	Abl.	veter**ibus**	veter**ibus**	veter**ibus**

Diese Gruppe hat im Ablativ Singular die Endung **-e**, im Genitiv Plural die Endung **-um** und im Nominativ und Akkusativ Plural Neutrum die Endung **-a**.

Die Adjektive dieser Deklination sind einendig. Zur konsonantischen Deklination gehören außerdem:

dīves, dīvitis *reich*
prīnceps, prīncipis *der erste*
compos, compotis *mächtig*
pauper, pauperis *arm*
particeps, participis *teilnehmend*
superstes, superstetis *abergläubisch*

2.2.2 Die i-Stämme

Formen

		ācer *scharf* m.	f.	n.
Sing.	**Nom.**	ācer	ācris	ācre
	Gen.	ācris	ācris	ācris
	Dat.	ācrī	ācrī	ācrī
	Akk.	ācrem	ācrem	ācre
	Abl.	ācrī	ācrī	ācrī
Pl.	**Nom.**	ācrēs	ācrēs	ācria
	Gen.	ācrium	ācrium	ācrium
	Dat.	ācribus	ācribus	ācribus
	Akk.	ācrēs	ācrēs	ācria
	Abl.	ācribus	ācribus	ācribus

		vocāns *rufend*		
		m.	**f.**	**n.**
Sing.	**Nom.**	vocāns	vocāns	vocāns
	Gen.	vocant**is**	vocant**is**	vocant**is**
	Dat.	vocantī	vocantī	vocantī
	Akk.	vocant**em**	vocant**em**	vocāns
	Abl.	vocant**e** (-ī)	vocant**e** (-ī)	vocant**e** (-ī)
Pl.	**Nom.**	vocant**ēs**	vocant**ēs**	vocant**ia**
	Gen.	vocant**ium**	vocant**ium**	vocant**ium**
	Dat.	vocant**ibus**	vocant**ibus**	vocant**ibus**
	Akk.	vocant**ēs**	vocant**ēs**	vocant**ia**
	Abl.	vocant**ibus**	vocant**ibus**	vocant**ibus**

ℹ Die i-Stämme umfassen drei-, zwei- und einendige Adjektive sowie das einendige Partizip Präsens Aktiv. Im Nominativ Singular haben die dreiendigen Adjektive für jedes Genus eine eigene Form, die zweiendigen besitzen eine Form für Maskulinum und Femininum, und die einendigen haben für alle drei Genera die gleiche Form:

dreiendig: **celer** (m.), **celeris** (f.), **celere** (n.) *schnell*
zweiendig: **brevis** (m.), **brevis** (f.), **breve** (n.) *kurz*
einendig: **fēlīx** (m.), **fēlīx** (f.), **fēlīx** (n.) *glücklich*, **sapiēns** (m.), **sapiēns** (f.), **sapiēns** (n.) *weise*

Wird das Partizip Präsens Aktiv *prädikativ* gebraucht, endet es im Ablativ Singular auf **-e**: **sole oriente** *bei Sonnenaufgang*. Wird es *adjektivisch* gebraucht, endet es auf **-ī**: **ardentī studio** *mit glühendem Eifer*.

Auf einen Blick

Das Adjektiv

Zu den Adjektiven der **ā-** und **o-Deklination** gehören Adjektive auf **-us, -a, -um** und Adjektive auf **-er**, z. B. **bonus, -a, -um** *gut*, **miser, -a, -um** *elend*.

Sg.	Nom. long**us**, long**a**, long**um**, Gen. long**ī**, long**ae**, long**ī**, Dat. long**ō**, long**ae**, long**ō**, Akk. long**um**, long**am**, long**um**, Abl. long**ō**, long**ā**, long**ō**
Pl.	Nom. long**ī**, long**ae**, long**a**, Gen. long**ōrum**, long**ārum**, long**ōrum**, Dat. long**īs**, Akk. long**ōs**, long**ās**, long**a**, Abl. long**īs**

In der **dritten Deklination** gibt es Konsonantenstämme (einendige Adjektive), z. B. **dīves, -itis** *reich*, und i-Stämme (ein-, zwei und dreiendige Adjektive), z. B. **ācer, ācris** *scharf* (dreiendig), deren Endungen mit denen der Substantive identisch sind.
Die Endungen der **Konsonantenstämme**:

Sg.	Nom. vet**us**, Gen. veter**is**, Dat. veter**ī**, Akk. veter**em** (m./f.), vet**us** (n.), Abl. veter**e**
Pl.	Nom. veter**ēs**, (m./f.), veter**a** (n.), Gen. veter**um**, Dat. veter**ibus**, Akk. veter**ēs**, (m./f.), veter**a** (n.), Abl. veter**ibus**

Die Endungen der **i-Stämme:**

Sg.	Nom. āc**er**, ācr**is**, ācr**e**, Gen. ācr**is**, Dat. ācr**ī**, Akk. ācr**em** (m./f.), ācr**e** (n.), Abl. ācr**ī**
Pl.	Nom. ācr**ēs** (m./f.), ācr**ia** (n.), Gen. ācr**ium**, Dat. ācr**ibus**, Akk. ācr**ēs** (m./f.), ācr**ia** (n.), Abl. ācr**ibus**

„Im Übrigen bin ich der Meinung, dass Karthago zerstört werden muss.“

{ *„Ceterum censeo Carthaginem esse delendam.“* }

3 Das Adverb

Das Adverb

Das Adverb ist eine nähere Bestimmung zu einem Verb, einem Adjektiv oder einem anderen Adverb. Es ist unveränderlich.

Formen

Die Adjektive der o-Deklination bilden das Adverb durch Anfügen von -ē, die der konsonantischen durch Anfügen von -iter an den Wortstock: iustus *gerecht* → iust**ē** *auf gerechte Weise*, vēlōx *schnell* → vēlōc**iter** *auf schnelle Art*.

Unregelmäßig gebildet werden folgende Adverbien:
- bonus *gut* → bene
- auf -ō statt -ē enden:

crēbrō *häufig*	falsō *fälschlicherweise*
prīmō *früher*	postrēmō *schließlich*
rārō *selten*	meritō *verdientermaßen*

- der Akkusativ Singular Neutrum dient als Adverb bei:

prīmum *zuerst*	prius *früher*
nimium *zu viel*	plērumque *meistens*
potius *eher*	potissimum *am ehesten*
facile *leicht*	ceterum *übrigens*

- Die Adjektive auf -āns, -antis und -ēns, -entis haben statt -iter den Ausgang -er: cōnstāns *standhaft* → cōnstanter, clemēns *mild* → clementer.

Darüber hinaus gibt es Adverbien, die aus Zusammensetzungen gebildet wurden, sowie Verbindungen von ursprünglich eigenständigen Wörtern: anteā *vorher*, hodiē *heute*.

Auf einen Blick

Das Adverb

G Die Adjektive der o-Deklination bilden das Adverb durch Anfügen von **-ē**, die der konsonantischen Deklination durch Anfügen von **-iter** an den Wortstock, z. B. **iūstus** *gerecht* → **iūstē** *auf gerechte Weise*; **vēlōx** *schnell* → **vēlōciter** *auf schnelle Art*.

Viele Adverbien werden unregelmäßig gebildet, z. B. **bene** *gut*, **prīmō** *früher*, **facile** *leicht*, **ceterum** *übrigens*.

„Schneller, höher, stärker.“

{ *„Citius, altius, fortius.“* }

4 Der Vergleich

Der Vergleich

Beim Vergleich unterscheidet man drei Stufen:
- Positiv (Grundstufe): **longus** *lang*
- Komparativ (Vergleichsstufe): **longior** *länger*
- Superlativ (Höchststufe): **longissimus** *der längste*

4.1 Der Komparativ

Der Komparativ des Adjektivs wird gebildet, indem man an den Wortstock die Endung **-ior** für Maskulinum und Femininum und für das Neutrum die Endung **-ius** anfügt: **longior**, **longiōris** (m./f.) *länger*, **ācrius**, **ācriōris** (n.) *schärfer*.

Formen

		longior *länger* m.	f.	n.
Sing.	Nom.	longior	longior	longi**us**
	Gen.	longiō**ris**	longiō**ris**	longiō**ris**
	Dat.	longiō**rī**	longiō**rī**	longiō**rī**
	Akk.	longiō**rem**	longiō**rem**	longi**us**
	Abl.	longiō**re**	longiō**re**	longiō**re**
Pl.	Nom.	longiō**rēs**	longiō**rēs**	longiō**ra**
	Gen.	longiō**rum**	longiō**rum**	longiō**rum**
	Dat.	longiō**ribus**	longiō**ribus**	longiō**ribus**
	Akk.	longiō**rēs**	longiō**rēs**	longiō**ra**
	Abl.	longiō**ribus**	longiō**ribus**	longiō**ribus**

Der Komparativ des Adverbs entspricht dem Neutrum Singular des Komparativs des Adjektivs, z. B. iustius *auf gerechtere Weise*.

molestus *lästig*	molestē	molestius
pulcher *schön*	pulchrē	pulchrius
celer *schnell*	celeriter	celerius
fēlīx *glücklich*	fēliciter	fēlicius

Bene *gut* (Adj. bonus) hat im Komparativ die Steigerungsform melius, male *schlecht* (Adj. malus) hat die Steigerungsform peius. Auch multum *viel* (Adj. multī) bildet einen unregelmäßigen Komparativ: plūs.

4.2 Der Superlativ

Formen

Der Superlativ des Adjektivs wird durch Anfügen der Endung -issimus, -issima, -issimum (▶ 2.1) gebildet:

clārus *berühmt* → clārissimus *der berühmteste*
brevis *kurz* → brevissimus *der kürzeste*
prūdēns *klug* → prūdentissimus *der klügste*

An die Adjektive der o-Deklination auf -er und die der konsonantischen Deklination wird -rimus, -rima, -rimum angefügt:

pulcher *schön* → pulcherrimus *der schönste*
aeger *krank* → aegerrimus *der kränkeste*

⚡ Einige Adjektive bilden den Superlativ mit **-limus**, **-lima**, **-limum**:

facilis *leicht* → **facillimus** *der leichteste*
difficilis *schwer* → **difficillimus** *der schwerste*
(dis-)similis *(un-)ähnlich* → **(dis-)simillimus** *der (un-)ähnlichste*
humilis *niedrig* → **humillimus** *der niedrigste*

ⓘ Der Superlativ des Adverbs wird wie der Superlativ des Adjektivs gebildet und bekommt die Endung **-ē**:

molestus *lästig*	**molestē**	**molestissimē**
pulcher *schön*	**pulchrē**	**pulcherrimē**
celer *schnell*	**celeriter**	**celerrimē**
fēlīx *glücklich*	**fēliciter**	**fēlicissimē**

⚡ **Bene** *gut* (Adj. **bonus**) bildet den Superlativ **optimē**, **male** *schlecht* (Adj. **malus**) bildet den Superlativ **pessimē**. Auch **multum** *viel* (Adj. **multī**) hat eine unregelmäßige Superlativform: **plūrimum**.

ⓘ Statt der Höchststufe kann der lateinische Superlativ auch einen außergewöhnlich hohen Grad bezeichnen (Elativ) und wird dann in der Regel mit *sehr* übersetzt, z. B. **pulcherrimus** ***sehr*** *schön*, *wunderschön*.

◐ Unregelmäßige Formen bilden folgende Adjektive:

vetus *alt* → **vetustior** *älter* → **vetustissimus** *der älteste*
dīves *reich* → **dīvitior** *reicher* → **dīvitissimus** *der reichste*

⚡ Die Adjektive auf **-dicus**, **-ficus** und **-volus** haben im Komparativ und Superlativ erweiterte Ausgänge:

magnificus *großartig* → **magnificentior** *großartiger* → **magnificentissimus** *der großartigste*

benevolus *wohlwollend* → **benevolentior** *wohlwollender* → **benevolentissimus** *der wohlwollendste*

⚡ Einige Adjektive bilden ihre Vergleichsformen mit Stammwechsel:

bonus	**melior**	**optimus**
gut	*besser*	*der beste*
malus	**peior**	**pessimus**
schlecht	*schlechter*	*der schlechteste*
magnus	**māior**	**māximus**
groß	*größer*	*der größte*
parvus	**minor**	**minimus**
klein	*kleiner*	*der kleinste*
multī	**plūrēs**	**plūrimī**
viele	*mehr*	*die meisten*
	(Gen. Pl. **-ium**)	**plērīque**,
	complūrēs	**plēraeque**,
	mehrere	**plēraque**
	(Gen. Pl. **-ium**)	*die meisten*

⚡ Die Adjektive auf **-us** mit vorhergehendem Vokal bilden den Komparativ durch Umschreibung mit **magis** und den Superlativ durch Umschreibung mit **māximē**: **magis idōneus** *geeigneter*, **māximē necessārius** *der notwendigste*, *der sehr notwendige*. Das gilt auch für:

ferus *wild*
gnārus *kundig*
mīrus *wunderbar*
inops *mittellos*
frūgifer *fruchtbar*
īgnārus *unkundig*
laudābilis *lobenswert*

Auf einen Blick

Der Vergleich

Beim Vergleich unterscheidet man drei Stufen:
- Positiv – Grundstufe: fortis, -e *stark*
- Komparativ – Vergleichsstufe: fortior, -ius *stärker*
- Superlativ – Höchststufe: fortissimus, -a, -um *stärkster*

Die Deklination des **Komparativs**:

Sg.	Nom. forti**or** (m./f.), forti**us** (n.), Gen. fortiō**ris**, Dat. fortiō**rī**, Akk. fortiō**rem** (m./f.), forti**us** (n.), Abl. fortiō**re**
Pl.	Nom. fortiō**rēs** (m./f.), fortiō**ra** (n.), Gen. fortiō**rum**, Dat. fortiō**ribus**, Akk. fortiō**rēs** (m./f.), fortiō**ra** (n.), Abl. fortiō**ribus**

Der **Superlativ** wird auf folgende Weise gebildet:
- An die Adjektive der o-Deklination auf -er und die der konsonantischen Deklination wird -rimus, -rima, -rimum angefügt, z. B. pulcher *schön* → pulcherrimus, -a, -um *schönster*, einige Adjektive bilden den Superlativ mit -limus, -lima, -limum, z. B. facilis, -e *leicht* → facillimus, -a, -um *leichtester*.
- Einige Adjektive bilden ihre Vergleichsformen mit Stammwechsel, z. B. bonus, -a, -um *gut*, melior, -ius *besser*, optimus, -a, -um *bester*.

5 Das Pronomen

„Ich bin der, der ich bin.“

{ *„Ego sum, qui sum.“* }

Das Pronomen

Ein Pronomen steht stellvertretend für ein Nomen (pro nomine). Es ersetzt ein Substantiv oder begleitet es.

5.1 Das Personalpronomen

Das Personalpronomen ersetzt Personen oder Sachen.

Formen

		1. Person	2. Person	3. Person nicht-reflexiv	3. Person reflexiv
Sing.	**Nom.**	egō	tū	is/ea/id	–
	Gen.	meī	tuī	eius	suī
	Dat.	mihī	tibī	eī	sibī
	Akk.	mē	tē	eum/eam/id	sē
	Abl.	ā mē	ā tē	eō/eā/eō	ā sē
Pl.	**Nom.**	nōs	vōs	iī (eī)/eae/ea	–
	Gen.	nostrī/ nostrum	vestrī/ vestrum	eōrum/eārum/ eōrum	suī
	Dat.	nōbis	vōbis	iīs (eīs)	sibī
	Akk.	nōs	vōs	eōs/eās/ea	sē
	Abl.	ā nōbīs	ā vōbīs	iīs (eīs)	ā sē

Gebrauch

Das Personalpronomen steht nur, wenn es betont wird:
Ego curro, **vos** spectatis. ***Ich*** *renne,* ***ihr*** *schaut zu.*
Nostri/vestri stehen, wenn es sich um einen Genitivus obiectivus (▶ 8.2) handelt: memoria **vestri** *die Erinnerung*

an euch. Nostrum/vestrum werden verwendet, wenn es sich um den Genitivus partitivus (▶ 8.2) handelt:
Quis **vestrum**? *Wer von euch?*
ⓘ Das Reflexivpronomen steht, wenn sich das Pronomen auf das Subjekt des Satzes bezieht:
Se laudat. *Er lobt* ***sich (selbst)***. ⚡ Aber: **Eum** laudat. *Er lobt* ***ihn (= einen anderen)***.

5.2 Das Demonstrativpronomen

ⓘ Demonstrativpronomen weisen auf eine Person oder Sache hin. Zu ihnen gehören: is, ea, id *dieser* (▶ 5.1), hic, haec, hoc *dieser*, ille, illa, illud *jener*, iste, ista, istud *dieser da*, īdem, eadem, idem *der gleiche*, ipse, ipsa, ipsum *selbst*.

Formen

		hic	haec	hoc	ille	illa	illud
Sing.	**Nom.**	hic	haec	hoc	ille	illa	illud
	Gen.		huius			illīus	
	Dat.		huic			illī	
	Akk.	hunc	hanc	hoc	illum	illam	illud
	Abl.	hōc	hāc	hōc	illō	illā	illō
Pl.	**Nom.**	hī	hae	haec	illī	illae	illa
	Gen.	hōrum	hārum	hōrum	illōrum	illārum	illōrum
	Dat.		hīs			illīs	
	Akk.	hōs	hās	haec	illōs	illās	illa
	Abl.		hīs			illīs	

		īdem	eadem	idem	ipse	ipsa	ipsum
Sing.	Nom.	īdem	eadem	idem	ipse	ipsa	ipsum
	Gen.		eiusdem			ipsīus	
	Dat.		eīdem			ipsī	
	Akk.	eundem	eandem	idem	ipsum	ipsam	ipsum
	Abl.	eōdem	eādem	eōdem	ipsō	ipsā	ipsō
Pl.	Nom.	īdem	eaedem	eadem	ipsī	ipsae	ipsa
	Gen.	eōrundem	eārundem	eōrundem	ipsōrum	ipsārum	ipsōrum
	Dat.		eīsdem (īsdem)			ipsīs	
	Akk.	eōsdem	eāsdem	eadem	ipsōs	ipsās	ipsa
	Abl.		eīsdem (īsdem)			ipsīs	

Gebrauch

ⓘ Demonstrativpronomen werden je nach Zusammenhang eingesetzt:

- is, ea, id deutet auf etwas bereits Genanntes hin: **ea** domus *dieses Haus*
- hic, haec, hoc nennt etwas Nahes oder Folgendes: **Haec** dixit. *Er sagte dies/Folgendes.*
- ille, illa, illud bezeichnet Fernes und Vergangenes oder Berühmtes: **illud** Ciceronis *jener berühmte Ausspruch Ciceros*
- iste, ista, istud wird oft negativ verwendet: **iste** homo *dieser Kerl da*
- ipse, ipsa, ipsum betont den Begriff, bei dem es steht, und ist oft nachgestellt: clementia **ipsa** *Milde an sich*

5.3 Das Possessivpronomen

ⓘ Das Possessivpronomen gibt an, wem etwas gehört. Die Deklination erfolgt wie bei den Adjektiven der ā- und o-Deklination (▶ 2.1).

Formen

	Sing.	Pl.
1. Pers.	meus, -a, -um *mein*	noster, -tra, -trum *unser*
2. Pers.	tuus, -a, -um *dein*	vester, -tra, -trum *euer*
3. Pers.	suus, -a, -um *sein/ihr*	suus, -a, -um *sein/ihr*

Gebrauch

Das Possessivpronomen richtet sich in Kasus, Numerus und Genus nach seinem Bezugswort: **meis** oculis *mit meinen (eigenen) Augen*.

In der dritten Person werden die reflexiven Pronomen verwendet, wenn sich das Pronomen auf das Subjekt desselben Satzes bezieht:

Marcus amicum **suum** invitat. *Marcus lädt seinen (= den eigenen) Freund ein.*

Bezieht sich das Possessivpronomen auf ein Substantiv, das in einem anderen Fall steht, wird die nicht-reflexive Form benötigt, d. h. eius/eorum tritt an die Stelle:

Etiam fratrem **eius** invitat. *Er lädt auch seinen (= den des Freundes) Bruder ein.*

5.4 Das Relativpronomen

ⓘ Das Relativpronomen quī, quae, quod *der*, *die*, *das*, *welcher*, *welche*, *welches* leitet einen Nebensatz ein.

Formen

		quī	quae	quod
Sing.	Nom.	quī	quae	quod
	Gen.		cuius	
	Dat.		cui	
	Akk.	quem	quam	quod
	Abl.	quō	quā	quō
Pl.	Nom.	quī	quae	quae
	Gen.	quōrum	quārum	quōrum
	Dat.		quibus	
	Akk.	quōs	quās	quae
	Abl.		quibus	

Gebrauch

Das Relativpronomen richtet sich in Numerus und Genus nach seinem Bezugswort:
Domus, **quam** vidisti, ampla est. *Das Haus, das du gesehen hast, ist weitläufig.*

Das verallgemeinernde Relativpronomen quīcumque, quaecumque, quodcumque kann substantivisch und adjektivisch verwendet werden:
Quodcumque emis, inutile est. *Alles, was du kaufst, ist unnütz.*
Quicumque discipulus clamat, vituperatur. *Jeder Schüler, der schreit, wird getadelt.*

5.5 Das Indefinitpronomen

ⓘ Indefinitpronomen geben Dinge oder Personen an, die nicht genauer bestimmt sind. Zu ihnen gehören:

- **aliquis**, **aliquid** (subst.) *irgendeiner*, *jemand*, *irgendetwas* und **aliquī**, **aliqua**, **aliquod** (adj.) *irgendein*
- **quisquam**, **quicquam** *irgendjemand*, *irgendetwas*
- **quīdam**, **quaedam**, **quiddam** (subst.) und **quīdam**, **quaedam**, **quoddam** (adj.) *ein gewisser*
- **quisque**, **quidque** (subst.) und **quisque**, **quaeque**, **quodque** (adj.) *jeder*
- **quīvīs**, **quaevīs**, **quidvīs** und **quīlibet**, **quaelibet**, **quidlibet** (subst.), **quīvīs**, **quaevīs**, **quodvīs** und **quīlibet**, **quaelibet**, **quodlibet** (adj.) *jeder beliebige*

Formen

	Sing. (subst.)		**Sing.** (adj.)		
Nom.	aliquis	aliquid	aliquī	aliqua	aliquod
Gen.	alicuius	alicuius reī		alicuius	
Dat.	alicui	alicui reī		alicui	
Akk.	aliquem	aliquid	aliquem	aliquam	aliquod
Abl.	aliquō	aliquā rē	aliquō	aliquā	aliquō

	Pl. (adj.)		
Nom.	aliquī	aliquae	aliqua
Gen.	aliquōrum	aliquārum	aliquōrum
Dat.		aliquibus	
Akk.	aliquōs	aliquās	aliqua
Abl.		aliquibus	

		quīdam	quaedam	quiddam (quoddam)
Sing.	Nom.	quīdam	quaedam	quiddam (quoddam)
	Gen.		cuiusdam	
	Dat.		cuidam	
	Akk.	quendam	quandam	quiddam (quoddam)
	Abl.	quōdam	quādam	quōdam
Pl.	Nom.	quīdam	quaedam	quaedam
	Gen.	quōrundam	quārundam	quōrundam
	Dat.		quibusdam	
	Akk.	quōsdam	quāsdam	quaedam
	Abl.		quibusdam	

Gebrauch

⚡ Nach si *wenn*, nisi *wenn nicht*, ne *dass nicht*, *damit nicht* und num *ob* fällt ali- weg: si **quis** *wenn irgendjemand*.

ℹ Quisque wird immer nachgestellt: optimus **quisque** *gerade die Besten*, *alle Guten*; quintō **quōque** annō *alle vier Jahre*.

5.6 Das Interrogativpronomen

Zu den Interrogativpronomen gehören:

- quis?, quid? *wer?*, *was?* (subst.): Gen. cuius?, Dat. cui?, Akk. quem?, quid?, Abl. ā quō?
- quī?, quae?, quod? *welcher?*, *welche?*, *welches?* (adj.): Deklination wie quī, quae, quod (▶ 5.4)
- uter?, utra?, utrum? *wer von beiden?*: Gen. utrius?, Dat. utrī?

Gebrauch

ⓘ Quis?, quid? *wer?, was?* wird substantivisch gebraucht, quī?, quae?, quod? *welcher?, welche?, welches?* wird adjektivisch verwendet:

Quid novi? *Was gibt es Neues?*

Quem librum delegisti? *Welches Buch hast du ausgewählt?*

ⓘ Uter?, utra?, utrum? *wer von beiden?* kann ebenfalls substantivisch und adjektivisch verwendet werden.

5.7 Das Pronominaladjektiv

Pronominaladjektive werden nach der ā- und o-Deklination dekliniert, haben aber im Genitiv die Endung -īus und im Dativ die Endung -ī.

Zu ihnen gehören:

- ūnus, ūna, ūnum *einer*
- sōlus, sōla, sōlum *allein*
- tōtus, tōta, tōtum *ganz*
- alius, alia, aliud *ein anderer* (aber: Gen. alterīus)
- nēmō *niemand*, nihil *nichts* (subst.) und nūllus, nūlla, nūllum (adj.) *keiner*
- ūllus, ūlla, ūllum *irgendein* (adj. in verneinten Sätzen)
- uterque, utraque, utrumque *jeder von beiden*
- neuter, neutra, neutrum *keiner von beiden*
- alter, altera, alterum *der eine/andere von beiden*

	Sing.			Pl.		
Nom.	alius	alia	aliud	aliī	aliae	alia
Gen.		alterīus		aliōrum	aliārum	aliōrum
Dat.		aliī			aliīs	
Akk.	alium	aliam	aliud	aliōs	aliās	alia
Abl.	aliō	aliā	aliō		aliīs	

	substantivisch m./f.	n.	adjektivisch		
Nom.	nēmō	nihil	nūllus	nūlla	nūllum
Gen.	nūllīus	nūllīus reī		nūllīus	
Dat.	nūllī	nūllī reī		nūllī	
Akk.	neminem	nihil	nūllum	nūllam	nūllum
Abl.	ā nūllō	nūllā rē	nūllō	nūllā	nūllō

5.8 Das Pronominaladverb

ℹ Pronominaladverbien sind von Pronomen gebildete Adverbien.

Formen

	interrogativ	demonstrativ	indefinit
Ort	ubī? *wo?* quā? *wo?, wie?* unde? *woher?* quō? *wohin?*	hīc *hier* ibī *dort* illīc *da, dort* hinc *von hier* inde *von dort, von da* eō *dorthin* illūc *dorthin* hūc *hierher*	ubīque *überall* nusquam *nirgends* alibī *anderswo* undique *von überall her* quōcumque *wohin auch immer*
Zeit	quandō? *wann?*	tum *dann, damals*	aliquandō *irgendwann einmal* umquam *jemals* numquam *niemals*

Auf einen Blick

Das Pronomen

Personalpronomina ersetzen Personen oder Sachen. Sie werden im Lateinischen nur verwendet, wenn eine Betonung vorliegt:
Tu ludis, **nos** studemus linguae Latinae. *Du spielst, wir lernen Latein.*

Demonstrativpronomina weisen auf eine Person oder Sache hin.
- is, ea, id *dieser* deutet auf etwas bereits Genanntes hin: **is** hortus *dieser Garten*
- hic, haec, hoc *dieser* nennt etwas Nahes oder Folgendes: **Haec** dixit. *Er sagte dies/Folgendes*.
- ille, illa, illud *jener* bezeichnet Fernes und Vergangenes oder Berühmtes: **illa** tempora *jene Zeiten (damals)*
- iste, ista, istud *dieser da* wird oft negativ verwendet: **iste** homo *dieser Kerl da*
- ipse, ipsa, ipsum *selbst* betont den Begriff, bei dem es steht, und ist oft nachgestellt: **ipso dies** *gerade an diesem Tag*

Possessivpronomina geben an, wem etwas gehört: meus, -a, -um, *mein*, tuus, -a, -um, *dein*, suus, -a, -um, *sein/ihr*, noster, -tra, -trum, *unser*, vester, -tra, -trum, *euer*, suus, -a, -um *sein/ihr*:
Pater filios **suos** vituperat. *Der Vater tadelt seine Söhne.*
Bezieht sich das Possessivpronomen auf ein Substantiv, das in einem anderen Fall steht, tritt eius/eorum ein:
Pater filios **eius** vituperat. *Der Vater tadelt dessen (= die eines anderen) Söhne.*

Die **Relativpronomina** quī, quae, quod *der, die, das; welcher, welche, welches* leiten einen Nebensatz ein.

Sie richten sich in Numerus und Genus nach ihrem Bezugswort:
Amphitheatrum, **quod** spectas, antiquum est. *Das Amphitheater, das du betrachtest, ist alt.*

Indefinitpronomina geben Dinge oder Personen an, die nicht genauer bestimmt sind. Die wichtigsten sind aliquis, aliquid *irgendeiner*, *jemand*, *irgendetwas* (subst.) und aliquī, aliqua, aliquod *irgendein* (adj.) und quīdam, quaedam, quiddam (subst.)/quoddam (adj.) *ein gewisser*.
Aliquis orationem habuit. *Irgendjemand hat eine Rede gehalten.*
Quoddam tempus fuit, cum Romani agricolae erant. *Es gab eine Zeit, als die Römer Bauern waren.*
Nach si *wenn*, nisi *wenn nicht*, ne *dass nicht, damit nicht* und num *ob* fällt ali- weg:
Si **quid** vidisset, mihi certiorem fecisset. *Wenn er irgendetwas gesehen hätte, hätte er mich benachrichtigt.*

Zu den **Interrogativpronomina** gehören quis? quid? (subst.) *wer? was?*, Gen. cuius?, Dat. cui?, Akk. quem? quid?, Abl. ā quō?, quī? quae? quod? (adj.) *welcher? welche? welches?*:
Quid novi? *Was gibt es Neues?*
Quod donum vis? *Welches Geschenk willst du?*

Pronominaladjektive werden nach der ā- und o-Deklination dekliniert, haben aber im Genitiv die Endung -īus und im Dativ die Endung -ī.
Aedificia **totius** urbis mihi placent, sed **nullum** pulchrior Colosseo est. *Die Gebäude der ganzen Stadt gefallen mir, aber keins ist schöner als das Kolosseum.*
Aliis alia placent. *Den einen gefällt dies, den anderen das.*
Nemo omnia scit. *Niemand weiß alles.*

„Ich kam, sah und siegte.“

{ *„Veni, vidi, vici.“* }

6 Das Verb

Das Verb

ⓘ Die Flexion eines Verbs heißt Konjugation. Bei der Konjugation unterscheidet man:
- die Person: 1., 2. und 3. Person
- den Numerus: Singular oder Plural
- den Modus (Aussageweise): Indikativ (Wirklichkeitsform), Konjunktiv (Begehrs- oder Möglichkeitsform) und Imperativ (Befehlsform)
- das Tempus (Zeitstufe): Präsens, Imperfekt, Futur I, Perfekt, Plusquamperfekt, Futur II
- das Genus verbi (Zustandsform): Aktiv und Passiv

ⓘ Alle Verbformen lassen sich von drei Stämmen ableiten:
- Mit dem Präsensstamm werden gebildet: Präsens, Imperfekt, Futur I Aktiv und Passiv, Imperativ I und II, Partizip Präsens Aktiv sowie Gerund und Gerundiv.
- Mit dem Perfektstamm Aktiv bildet man die Aktivformen von Perfekt, Plusquamperfekt, Futur II und Infinitiv Perfekt.
- Der Perfektstamm Passiv bildet: Partizip Perfekt Passiv, Perfekt, Plusquamperfekt, Futur II Passiv, Infinitiv Perfekt Passiv, Infinitiv Futur Aktiv und Partizip Futur Aktiv.

6.1 Die Konjugationen

Man unterscheidet fünf Konjugationen:
- ā-Konjugation: **vocāre** *rufen*, Präsensstamm: **vocā-**
- ē-Konjugation: **monēre** *mahnen*, Präsensstamm: **monē-**
- konsonantische Konjugation: **tegere** *bedecken*, Präsensstamm: **teg-**
- kurzvokalische i-Konjugation: **capere** *fangen*, Präsensstamm: **capi-**
- langvokalische i-Konjugation: **audīre** *hören*, Präsensstamm: **audī-**

6.1.1 Der Präsensstamm Aktiv und Passiv

Formen

Der Präsensstamm Aktiv

	ā-Konjug.	ē-Konjug.	kons. Konjug.	kurzvok. i-Konjug.	langvok. i-Konjug.
Präs. Ind.	vocō	moneō	tegō	capiō	audiō
	vocās	monēs	tegis	capis	audīs
	vocat	monet	tegit	capit	audit
	vocāmus	monēmus	tegimus	capimus	audīmus
	vocātis	monētis	tegitis	capitis	audītis
	vocant	monent	tegunt	capiunt	audiunt
Präs. Konj.	vocem	moneam	tegam	capiam	audiam
	vocēs	moneās	tegās	capiās	audiās
	vocet	moneat	tegat	capiat	audiat
	vocēmus	moneāmus	tegāmus	capiāmus	audiāmus
	vocētis	moneātis	tegātis	capiātis	audiātis
	vocent	moneant	tegant	capiant	audiant
Imperf. Ind.	vocābam	monēbam	tegēbam	capiēbam	audiēbam
	vocābās	monēbās	tegēbās	capiēbās	audiēbās
	vocābat	monēbat	tegēbat	capiēbat	audiēbat
	vocābāmus	monēbāmus	tegēbāmus	capiēbāmus	audiēbāmus
	vocābātis	monēbātis	tegēbātis	capiēbātis	audiēbātis
	vocābant	monēbant	tegēbant	capiēbant	audiēbant
Imperf. Konj.	vocārem	monērem	tegerem	caperem	audīrem
	vocārēs	monērēs	tegerēs	caperēs	audīrēs
	vocāret	monēret	tegeret	caperet	audīret
	vocārēmus	monērēmus	tegerēmus	caperēmus	audīrēmus
	vocārētis	monērētis	tegerētis	caperētis	audīrētis
	vocārent	monērent	tegerent	caperent	audīrent

	ā-Konjug.	ē-Konjug.	kons. Konjug.	kurzvok. i-Konjug.	langvok. i-Konjug.
Fut. I	vocābō	monēbō	tegam	capiam	audiam
	vocābis	monēbis	tegēs	capiēs	audiēs
	vocābit	monēbit	teget	capiet	audiet
	vocābimus	monēbimus	tegēmus	capiēmus	audiēmus
	vocābitis	monēbitis	tegētis	capiētis	audiētis
	vocābunt	monēbunt	tegent	capient	audient
Imp. I	vocā!	monē!	tege!	cape!	audī!
	vocāte!	monēte!	tegite!	capite!	audīte!
Imp. II	vocātō!	monētō!	tegitō!	capitō!	audītō!
	vocātō!	monētō!	tegitō!	capitō!	audītō!
	vocātōte!	monētōte!	tegitōte!	capitōte!	audītōte!
	vocantō!	monentō!	teguntō!	capiuntō!	audiuntō!

Der Präsensstamm Passiv

	ā-Konjug.	ē-Konjug.	kons. Konjug.	kurzvok. i-Konjug.	langvok. i-Konjug.
Präs. Ind.	vocor	moneor	tegor	capior	audior
	vocāris	monēris	tegeris	caperis	audīris
	vocātur	monētur	tegitur	capitur	audītur
	vocāmur	monēmur	tegimur	capimur	audīmur
	vocāminī	monēminī	tegiminī	capiminī	audīminī
	vocantur	monentur	teguntur	capiuntur	audiuntur
Präs. Konj.	vocer	monear	tegar	capiar	audiar
	vocēris	moneāris	tegāris	capiāris	audiāris
	vocētur	moneātur	tegātur	capiātur	audiātur
	vocēmur	moneāmur	tegāmur	capiāmur	audiāmur
	vocēminī	moneāminī	tegāminī	capiāminī	audiāminī
	vocentur	moneantur	tegantur	capiantur	audiantur

	ā-Konjug.	ē-Konjug.	kons. Konjug.	kurzvok. i-Konjug.	langvok. i-Konjug.
Imperf. Ind.	vocā**bar**	monē**bar**	tegē**bar**	capiē**bar**	audiē**bar**
	vocā**bāris**	monē**bāris**	tegē**bāris**	capiē**bāris**	audiē**bāris**
	vocā**bātur**	monē**bātur**	tegē**bātur**	capiē**bātur**	audiē**bātur**
	vocā**bāmur**	monē**bāmur**	tegē**bāmur**	capiē**bāmur**	audiē**bāmur**
	vocā**bāminī**	monē**bāminī**	tegē**bāminī**	capiē**bāminī**	audiē**bāminī**
	vocā**bantur**	monē**bantur**	tegē**bantur**	capiē**bantur**	audiē**bantur**
Imperf. Konj.	vocā**rer**	monē**rer**	tege**rer**	cape**rer**	audī**rer**
	vocā**rēris**	monē**rēris**	tege**rēris**	cape**rēris**	audī**rēris**
	vocā**rētur**	monē**rētur**	tege**rētur**	cape**rētur**	audī**rētur**
	vocā**rēmur**	monē**rēmur**	tege**rēmur**	cape**rēmur**	audī**rēmur**
	vocā**rēminī**	monē**rēminī**	tege**rēminī**	cape**rēminī**	audī**rēminī**
	vocā**rentur**	monē**rentur**	tege**rentur**	cape**rentur**	audī**rentur**
Fut. I	vocā**bor**	monē**bor**	teg**ar**	capi**ar**	audi**ar**
	vocā**beris**	monē**beris**	teg**ēris**	capi**ēris**	audi**ēris**
	vocā**bitur**	monē**bitur**	teg**ētur**	capi**ētur**	audi**ētur**
	vocā**bimur**	monē**bimur**	teg**ēmur**	capi**ēmur**	audi**ēmur**
	vocā**biminī**	monē**biminī**	teg**ēminī**	capi**ēminī**	audi**ēminī**
	vocā**buntur**	monē**buntur**	teg**entur**	capi**ēntur**	audi**entur**

Gebrauch

Das Präsens wird verwendet für

- aktuelle Handlungen und Ereignisse:
  Servus in culinam **currit**. *Der Sklave eilt in die Küche.*
- allgemeingültige Aussagen:
  Errare humanum **est**. *Irren ist menschlich.*
- vergangene Geschehnisse (historisches Präsens):
  Res in extremum discrimen adducta est; de libertate **decernitur**. *Der Kampf trat in die entscheidende Phase; nun kämpfte man um die Freiheit.*

Das Imperfekt wird verwendet, um

- andauernde Handlungen in der Vergangenheit zu beschreiben:
  Multos annos Graeci Troiam **oppugnabant.** *Viele Jahre lang belagerten die Griechen Troja.*
- sich wiederholende Ereignisse in der Vergangenheit auszudrücken:
  Cottidie in horto **ambulabant.** *Sie gingen täglich im Garten spazieren.*
- Begleitumstände einer vergangenen Handlung (im Perfekt) zu erläutern:
  Nox **erat**, cum fur domum intravit. *Es war Nacht, als der Dieb das Haus betrat.*
- einen Versuch zu formulieren:
  Iam milites flumen **transibant.** *Schon versuchten die Soldaten, den Fluss zu überqueren.*

Das Futur wird verwendet für

- Vorgänge, die in der Zukunft geschehen werden:
  Proxima aestate Romam **ibo.** *Im nächsten Sommer werde ich nach Rom fahren.*
- zeitlos gültige Urteile:
  Nemo mortem **effugiet.** *Niemand wird dem Tod entkommen.*

Der Imperativ bezeichnet eine Aufforderung (mehr zur Verneinung des Imperativs: ▶ 16.2).

- Der Imperativ I richtet sich an die 2. Person:
  Lege! *Lies!*, Legite! *Lest!*
- Der Imperativ II wendet sich an die 2. und 3. Person:
  Legito! *Du sollst lesen!/Er soll lesen!*, Legitote! *Lest!*, Legunto! *Sie sollen lesen!*

6.1.2 Der Perfektstamm Aktiv und Passiv

Formen

	Aktiv		Passiv		
Perfekt Indikativ	vocāv- monu- tex- cēp- audīv-	**ī** **istī** **it** **imus** **istis** **ērunt**	vocāt- monit- tēct- capt- audīt-	**us, a, um** **ī, ae, a**	**sum** **es** **est** **sumus** **estis** **sunt**
Perfekt Konjunktiv	vocāv- monu- tex- cēp- audīv-	**erim** **eris** **erit** **erimus** **eritis** **erint**	vocāt- monit- tēct- capt- audīt-	**us, a, um** **ī, ae, a**	**sim** **sīs** **sit** **sīmus** **sitis** **sint**
Plusquam-perfekt Indikativ	vocāv- monu- tex- cēp- audīv-	**eram** **erās** **erat** **erāmus** **erātis** **erant**	vocāt- monit- tēct- capt- audīt-	**us, a, um** **ī, ae, a**	**eram** **erās** **erat** **erāmus** **erātis** **erant**
Plusquam-perfekt Konjunktiv	vocāv- monu- tex- cēp- audīv-	**issem** **issēs** **isset** **issēmus** **issētis** **issent**	vocāt- monit- tēct- capt- audīt-	**us, a, um** **ī, ae, a**	**essem** **essēs** **esset** **essēmus** **essētis** **essent**

	Aktiv		Passiv		
Futur II	vocāv- monu- tex- cēp- audīv-	erō eris erit erimus eritis erint	vocāt- monit- tēct- capt- audīt-	us, a, um ī, ae, a	erō eris erit erimus eritis erunt

Gebrauch

Das Perfekt ist das Erzähltempus der Vergangenheit und bezeichnet

- einmalige, vergangene Handlungen (historisches Perfekt): Postridie eius diei Caesar castra **reliquit**. *Am nächsten Tag verließ Caesar das Lager.*
- eine Feststellung oder ein Urteil über ein vergangenes Ereignis:
  Bene **fecisti**. *Das hast du gut gemacht.*

Das Plusquamperfekt beschreibt ein Geschehen, das noch vor einem anderen vergangenen Ereignis liegt: Amicus de ludis **narraverat**. Hodie eos ipse vidi. *Der Freund hatte mir von den Spielen erzählt. Heute sah ich sie selbst.*

Das Futur II bezeichnet wie das Plusquamperfekt ein Geschehen, das vor Eintritt eines weiteren Geschehens in der Zukunft abgeschlossen sein wird (im Deutschen wird es mit Präsens übersetzt): Ubi domum **venero**, epistulam scribam. *Sobald ich nach Hause komme (= gekommen sein werde), werde ich einen Brief schreiben.*

(+ Weitere Hinweise zur Verwendung der Tempora: ▶ 16).

6.1.3 Die Nominalformen

Formen

	vocāre	monēre	tegere	capere	audīre
Inf. Präs. Akt.	vocāre	monēre	tegere	capere	audīre
Inf. Perf. Akt.	vocāvisse	monuisse	texisse	cēpisse	audīvisse
Inf. Fut. Akt.	vocātūrum, -am, -um esse	monitūrum, -am, -um esse	tēctūrum, -am, -um esse	captūrum, -am, -um esse	audītūrum, -am, -um esse
Inf. Präs. Pass.	vocārī	monērī	tegī	capī	audīrī
Inf. Perf. Pass.	vocātum, -am, -um esse	monitum, -am, -um esse	tēctum, -am, -um esse	captum, -am, -um esse	audītum, -am, -um esse
Inf. Fut. Pass	vocātum īrī	monitum īrī	tēctum īrī	captum īrī	audītum īrī
Part. Präs. Akt.	vocāns, -ntis	monēns, -ntis	tegēns, -ntis	capiēns, -ntis	audiēns, -ntis
Part. Fut. Akt.	vocātūrus, -a, -um	monitūrus, -a, -um	tēctūrus, -a, -um	captūrus, -a, -um	audītūrus, -a, -um
Part. Perf. Pass.	vocātus, -a, -um	monitus, -a, -um	tēctus, -a, -um	captus, -a, -um	audītus, -a, -um
Gerund	vocandī, -ndō usw.	monendī, -ndō usw.	tegendī, -ndō usw.	capiendī, -ndō usw.	audiendī, -ndō usw.
Gerundiv	vocandus, -a, -um	monendus, -a, -um	tegendus, -a, -um	capiendus, -a, -um	audiendus, -a, -um

Gebrauch

Mehr zur Verwendung des Infinitivs, des Partizips und des Gerundiums und Gerundivs finden Sie hier:
(▶ 12, 13, 14).

Auf einen Blick

Die Konjugationen

Aussageweisen (Modi)

Es gibt im Lateinischen wie im Deutschen drei Aussageweisen:

- **Indikativ** (Wirklichkeitsform): Currit. *Er läuft.* Currebamus. *Wir liefen.*
- **Konjunktiv** (Begehrs- oder Möglichkeitsform): Currat. *Er möge laufen.* Cucurrisset. *Er wäre gelaufen.*
- **Imperativ** (Befehlsform): Curri! *Lauf!* Currite! *Lauft!*

Zeitstufen (Tempora)

Das Lateinische kennt das Präsens, Imperfekt, Futur (gebildet vom Präsensstamm) sowie das Perfekt, Plusquamperfekt und das Futur II (gebildet vom Perfektstamm).

Das **Präsens** wird für aktuelle Handlungen und Ereignisse, allgemeingültige Aussagen und die Beschreibung vergangener Geschehnisse verwendet.
Serva in horto **laborat.** *Die Sklavin arbeitet im Garten.*
Iterum iterumque gladiatores bestias lacessebant. Denique eae gladiatores **ingrediuntur.** *Immer wieder reizten die Gladiatoren die Tiere. Da schließlich griffen sie die Gladiatoren an.*

Mit dem **Imperfekt** beschreibt man andauernde Handlungen in der Vergangenheit, sich wiederholende Ereignisse in der Vergangenheit, Begleitumstände einer vergangenen Handlung sowie Versuche.
Multos annos Graeci Troiam **oppugnabant.** *Viele Jahre lang belagerten die Griechen Troja.*

Cottidie in forum **ibamus**. *Wir gingen täglich aufs Forum.*
Nox **erat,** cum Marcus domum reliquit. *Es war Nacht, als Marcus das Haus verließ.*

Das **Futur I** wird verwendet für Vorgänge, die in der Zukunft geschehen werden, sowie für zeitlos gültige Urteile.
Proxima hieme Athenis **ero.** *Im nächsten Winter werde ich in Athen sein.*
Nemo mortem **effugiet.** *Niemand wird dem Tod entkommen.*

Das **Perfekt** (Erzähltempus der Vergangenheit) beschreibt einmalige, vergangene Handlungen, Feststellungen oder Urteile über vergangene Ereignisse.
Paulo post imperator signum hostes aggrediendi **dedit.** *Wenig später gab der Feldherr das Zeichen, die Feinde anzugreifen.*
Bene **dixistis.** *Gut habt ihr gesprochen.*

Das **Plusquamperfekt** beschreibt ein Geschehen, das noch vor einem anderen vergangenen Ereignis liegt.
Heri Publius ludos **spectaverat.** Hodie mihi narravit. *Gestern hatte Publius die Spiele gesehen. Heute erzählte er mir davon.*

Das **Futur II** bezeichnet wie das Plusquamperfekt ein Geschehen, das vor Eintritt eines weiteren Geschehens in der Zukunft abgeschlossen sein wird.
Si quis me **vituperaverit,** ei non cedam. *Wenn mich einer tadelt (= getadelt haben wird), werde ich ihm nicht nachgeben.*

6.2 Die Deponentien

Deponentien sind Verben, die passive Formen, aber aktive oder reflexive Bedeutung haben.
Die Formen des Partizip Präsens und Futur, Infinitiv Futur und Gerund werden aktiv gebildet: **hortāns** *ermahnend*.

Die Semideponentien **solēre** *pflegen*, **audēre** *wagen*, **gaudēre** *sich freuen* und **cōnfīdere** *vertrauen* werden im Präsensstamm aktivisch, im Perfektstamm passivisch gebildet, z. B. **audeō** *ich wage*, aber: **ausus sum** *ich habe gewagt*.
Bei **revertī** *zurückkehren* verhält es sich umgekehrt: **revertor** *ich kehre zurück*, aber: **revertī** *ich bin zurückgekehrt*.

Formen

Konjugationsschema zu den Verben **cōnārī** *versuchen*, **verērī** *verehren*, **loquī** *sprechen*, **patī** *erdulden*, **largīrī** *schenken*:

		ā-Konjug.	ē-Konjug.	kons. Konjug.	kurzvok. i-Konjug.	langvok. i-Konjug.
Ind.	Präs.	cōnor	vereor	loquor	patior	largior
		cōnāris	verēris	loqueris	pateris	largīris
	Imperf.	cōnābar	verēbar	loquēbar	patiēbar	largiēbar
	Fut. I	cōnābor, -beris	verēbor, -beris	loquar, -ēris	patiar, -ēris	largiar, -ēris
	Perf.	cōnātus sum	veritus sum	locūtus sum	passus sum	largītus sum
	Plusqu.	cōnātus eram	veritus eram	locūtus eram	passus eram	largītus eram
	Fut. II	cōnātus erō	veritus erō	locūtus erō	passus erō	largitus erō

	ā-Konjug.	ē-Konjug.	kons. Konjug.	kurzvok. i-Konjug.	langvok. i-Konjug.
Konj. Präs.	cōner, -ēris	verear, -āris	loquar, -āris	patiar, -āris	largiar, -āris
Imperf.	cōnārer, -rēris	verērer, -rēris	loquerer, -erēris	paterer, -rēris	largīrer, -rēris
Perf.	cōnātus sim	veritus sim	locūtus sim	passus sim	largītus sim
Plusqu.	cōnātus essem	veritus essem	locūtus essem	passus essem	largītus essem
Imp. I	cōnāre cōnāminī	verēre verēminī	loquere loquiminī	patere patiminī	largīre largīminī
Imp. II	cōnātor cōnantor	verētor verentor	loquitor loquuntor	patitor patiuntor	largītor largiuntor
Inf. Präs.	cōnārī	verērī	loquī	patī	largīrī
Perf.	cōnātum, -am, -um esse	veritum, -am, -um esse	locūtum, -am, -um esse	passum, -am, -um esse	largītum, -am, -um esse
Fut.	cōnātūrum, -am, -um esse	veritūrum, -am, -um esse	locūtūrum, -am, -um esse	passūrum, -am, -um esse	largītūrum, -am, -um esse
Part. Präs.	cōnāns, -ntis	verēns, -ntis	loquēns, -ntis	patiēns, -ntis	largiēns, -ntis
Perf.	cōnātus, -a, -um	veritus, -a, -um	locūtus, -a, -um	passus, -a, -um	largītus, -a, -um
Fut.	cōnātūrus, -a, -um	veritūrus, -a, -um	locūtūrus, -a, -um	passūrus, -a, -um	largītūrus, -a, -um
Gerundiv	cōnandus	verendus	loquendus	patiendus	largiendus
Gerund	cōnandī	verendī	loquendī	patiendī	largiendī

6.3 Unregelmäßige Verben

Formen

- esse (sum, fuī) *sein*

Ind. Präs.	Konj. Präs.	Ind. Imperf.	Konj. Imperf.	Fut. I
sum	sim	eram	essem	erō
es	sīs	erās	essēs	eris
est	sit	erat	esset	erit
sumus	sīmus	erāmus	essēmus	erimus
estis	sītis	erātis	essētis	eritis
sunt	sint	erant	essent	erunt

Ind. Perf	Konj. Perf.	Ind. Plusqu.	Konj. Plusqu.	Fut. II
fuī	fuerim	fueram	fuissem	fuerō
fuistī	fueris	fuerās	fuissēs	fueris
fuit	fuerit	fuerat	fuisset	fuerit
fuimus	fuerimus	fuerāmus	fuissēmus	fuerimus
fuistis	fueritis	fuerātis	fuissētis	fueritis
fuērunt	fuerint	fuerant	fuissent	fuerint

Inf. Perf.	Inf. Fut.
fuisse	futūrum, -am, -um esse

Part. Präs./Perf.	Part. Fut.
–	futūrus, -a, -um

Imp. I	Imp. II	
es!	estō!	estōte!
este!	estō!	suntō!

Komposita von esse:

abesse *abwesend sein*	absum	āfuī
adesse *anwesend sein*	adsum	adfuī/affuī
deesse *fehlen*	dēsum	dēfuī
interesse *teilnehmen*	intersum	interfuī
obesse *schaden*	obsum	obfuī/offuī
praeesse *an der Spitze stehen*	praesum	praefuī
prōdesse *nützen*	prōsum	prōfuī
superesse *übrig sein*	supersum	superfuī

⚡ Bei prōdesse bleibt vor Vokal das -d- erhalten: prōd-est, prōd-erat, nicht aber vor Konsonant: prō-fuit.

- posse (possum, potuī) *können*

		posse	
Ind.	**Präs.**	possum	possumus
		potes	potestis
		potest	possunt
	Perf.	potuī, potuistī, potuit usw.	
	Imperf.	poteram, poterās, poterat usw.	
	Plusqu.	potueram, potuerās, potuerat usw.	
	Fut. I	poterō, poteris, poterit usw.	
	Fut. II	potuerō, potueris, potuerit usw.	
Konj.	**Präs.**	possim, possīs, possit usw.	
	Perf.	potuerim, potueris, potuerit usw.	
	Imperf.	possem, possēs, posset usw.	
	Plusqu.	potuissem, potuissēs, potuisset usw.	
Inf.	**Perf.**	potuisse	

- **velle** (**volō**, **voluī**) *wollen*, **nōlle** (**nōlō**, **nōluī**) *nicht wollen*, **mālle** (**mālō**, **maluī**) *lieber wollen*

	velle	nōlle	mālle
Ind. Präs.	volō vīs vult volumus vultis volunt	nōlō nōn vīs nōn vult nōlumus nōn vultis nōlunt	mālō māvis māvult mālumus māvultis mālunt
Konj. Präs.	velim velīs velit usw.	nōlim nōlīs nōlit usw.	mālim mālīs mālit usw.
Ind. Imperf.	volēbam volēbās volēbat usw.	nōlēbam nōlēbās nōlēbat usw.	mālēbam mālēbās mālēbat usw.
Konj. Imperf.	vellem vellēs vellet usw.	nōllem nōllēs nōllet usw.	māllem māllēs māllet usw.
Fut. I	volam volēs volet usw.	nōlam nōlēs nōlet usw.	mālam mālēs mālet usw.
Imp. I	–	nōli! nōlite!	–
Imp. II	–	–	–
Ind. Perf.	voluī voluistī voluit usw.	nōluī nōluistī nōluit usw.	māluī māluistī māluit usw.

- **ferre** (**ferō**, **tulī**, **lātum**) *tragen*, **ferrī** (**feror**, **lātus sum**) *getragen werden*

	ferre (Aktiv)	ferrī (Passiv)
Ind. Präs.	ferō fers fert ferimus fertis ferunt	feror ferris fertur ferimur feriminī feruntur
Konj. Präs.	feram ferās ferat usw.	ferar ferāris ferātur usw.
Ind. Imperf.	ferēbam ferēbās ferēbat usw.	ferēbar ferēbāris ferēbātur usw.
Konj. Imperf.	ferrem ferrēs ferret usw.	ferrer ferrēris ferrētur usw.
Fut. I	feram feres feret usw.	ferar ferēris ferētur usw.
Imp. I	fer! ferte!	–
Imp. II	fertō! fertōte! feruntō!	–
Ind. Perf.	tulī tulistī usw.	lātus, -a, -um sum usw.

🛈 Auch ferre besitzt etliche Komposita. ⚡ Manchmal gleichen sich die Endkonsonanten der Vorsilbe dem Folgekonsonanten an.

afferre *herbeibringen*	**af**ferō	a**tt**ulī	allātum
auferre *wegbringen*	**au**ferō	a**bs**tulī	ablātum
circumferre *herumtragen*	circumferō	circumtulī	circumlātum
cōnferre *zusammentragen, vergleichen*	cōnferō	contulī	collātum
dēferre *herabbringen, überbringen*	dēferō	dētulī	dēlātum
differre *aufschieben, verschieden sein*	differō	–	–
efferre *herausheben, bestatten*	**ef**ferō	e**x**tulī	ēlātum
īnferre *hineintragen, zufügen*	īnferō	intulī	illātum
offere *entgegenbringen*	offerō	obtulī	oblātum
perferre *ertragen*	perferō	pertulī	perlātum
praeferre *vorantragen, vorziehen*	praeferō	praetulī	praelātum
prōferre *vorzeigen, hervorbringen*	prōferō	prōtulī	prōlātum
referre *zurückbringen, melden*	referō	re**tt**ulī	relātum
trānsferre *hinüberbringen, übertragen*	trānsferō	trānstulī	trānslātum

- **īre (eō, iī, itum)** *gehen*

Ind. Präs.	Ind. Perf.
eō	iī
īs	īstī
it	iit
īmus	iimus
ītis	īstis
eunt	iērunt

Ind. Imperf.	Ind. Plusqu.	Konj. Imperf.	Konj. Plusqu.
ībam	ieram	īrem	īssem
ībās	ierās	īrēs	īssēs
ībat usw.	ierat usw.	īret usw.	īsset usw.

Konj. Präs.	Konj. Perf.	Fut. I	Fut. II
eam	ierim	ībō	ierō
eās	ieris	ībis	ieris
eat usw.	ierit usw.	ībit usw.	ierit usw.

Imp. I	Imp. II	Inf. Präs.	Inf. Perf.
ī! īte!	ītō! ītōte! euntō!	īre	īsse

Gerund	Gerundiv	Part. Präs.	Inf. Fut.
eundī usw.	eundum (est)	iēns, euntis	itūrum, -a, -um esse

Īre bildet nur ein unpersönliches Passiv: **ītur** *man geht*, **itum est** *man ist gegangen*.

- **fierī** (**fiō**, **factus sum**) *werden, geschehen, gemacht werden*

Ind. Präs.		Konj. Präs.	Ind. Perf.	Konj. Perf.
fiō	fīmus	fīam	factus, -a, -um	factus, -a, -um
fīs	fītis	fīās	sum	sim
fit	fīunt	fīat usw.	es usw.	sīs usw.

Ind. Imp.	Konj. Imp.	Ind. Plusqu.	Konj. Plusqu.
fiēbam	fierem	factus, -a, -um	factus, -a, -um
fiēbās	fierēs	eram usw.	essem usw.
fiēbat usw.	fieret usw.		

Fut. I	Fut. II	Inf. Perf.	Inf. Fut.
fīam	factus, -a, -um	factum, -am, -um	futurum, -am, -um
fiēs usw.	erō usw.	esse	esse = fore

ℹ **Fierī** *gemacht werden* dient als Passiv zu **facere**, auch bei den Komposita **assuefacere** *gewöhnen*, **patefacere** *öffnen* und **satisfacere** *Genugtuung leisten*, z. B. **assuefīunt** *sie gewöhnen sich*.

⚡ Die Bedeutung *geschehen* hat **fierī** nur in der 3. Person Singular und Plural: **saepe fit, ut** *oft geschieht es, dass*; **ita factum est, ut** *so kam es, dass*.

„Irren ist menschlich."

{ *„Errare humanum est."* }

7 Der einfache Satz

Der einfache Satz

7.1 Subjekt und Prädikat

Der einfache Satz besteht aus Subjekt und Prädikat.
Subjekt kann sein:
- ein Substantiv:
  Puella cantat. *Das Mädchen singt.*
- ein Pronomen bzw. die Person, die in einer finiten Verbform enthalten ist:
  Ille cantat. *Jener singt.* Canta**mus.** *Wir singen.*
- ein Infinitiv:
  Errare humanum est. *Irren ist menschlich.*
- ein Nebensatz:
  Quid vesper ferat, incertum est. *Was der Abend bringt, ist ungewiss.*

Prädikat kann sein:
- ein Vollverb:
  Amicus **venit**. *Der Freund kommt.*
- ein Hilfsverb, das sich mit einem Nomen, dem sogenannten Prädikatsnomen, verbindet:
  Arbor **magna est**. *Der Baum ist groß.*

Das Prädikat stimmt in Kasus, Numerus und Genus so weit wie möglich mit dem Subjekt überein (Kongruenz):
- verbales Prädikat:
  Agricola arat. *Der Bauer pflügt.*
  Agricolae arant. *Die Bauern pflügen.*
- substantivisches Prädikatsnomen:
  Paulus et Fridericus amici sunt. *Paul und Friedrich sind Freunde.*
- adjektivisches Prädikatsnomen:
  Frater laetus est. *Der Bruder ist fröhlich.*

Domūs magnae sunt. *Die Häuser sind groß.*
- pronominales Subjekt:
Haec est mea culpa. *Das ist meine Schuld.*

7.2 Das Attribut

Ein Attribut ist eine nähere Bestimmung eines Substantivs durch ein Adjektiv oder ein Substantiv.
- Das adjektivische Attribut richtet sich nach seinem Bezugswort in Kasus, Numerus und Genus: **donum pulchrum** *das schöne Geschenk*.
- Das substantivische Attribut steht meist im Genitiv: **vita Romanorum** *das Leben der Römer*.

7.3 Das Prädikativum

Das Prädikativum ist eine nähere Bestimmung zu einem Nomen und einem Vollverb. Es steht in Kongruenz zu seinem Bezugswort:
Hannibal puer Carthagine discessit. *Hannibal verließ Karthago* ***als Junge.***

Als Prädikativa werden gebraucht:
- Substantive, die ein Amt oder Lebensalter bezeichnen: **consul** *als Konsul*, *im Konsulat*, **puer** *als Junge*, *im Knabenalter*, **senex** *als Greis*, *im Alter*
- folgende Adjektive:

laetus *fröhlich*	**praesens** *in Gegenwart*
maestus/tristis *traurig*	**absens** *in Abwesenheit*
iratus *zornig*	**primus** *als Erster*
invitus *widerwillig*	**postremus** *als Letzter*
inscius *unwissend*	**solus/unus** *als Einziger*
vivus *zu Lebzeiten*	**summus** *zuoberst, auf der Spitze*

7.4 Der erweiterte einfache Satz

ⓘ Der einfache Satz aus Subjekt und Prädikat kann erweitert werden.

- Das Prädikat kann erweitert werden durch:
  - Objekte (Nomina, Pronomen, Zahlwörter, Infinitive bzw. AcI) im Akkusativ, Dativ und Genitiv:
    Nihil **te** fugit. *Nichts entgeht **dir**.*
    Marcus **mihi librum** donat. *Markus schenkt **mir ein Buch**.*
  - Adverbiale (Umstandsbestimmungen) zur Bezeichnung des Mittels, des Grundes, des Zweckes, der Art und Weise, der Zeit und des Ortes im Ablativ, Akkusativ und Dativ (besonders auf die Fragen „womit?“, „wodurch?“, „warum?“, „wie?“, „wann?“, „wo?“):
    Milites Romani vicum **brevi tempore** expugnaverunt. *Die römischen Soldaten eroberten das Dorf **in kurzer Zeit**.*
    Hoc Caesari **cordi** erat. *Dies lag Cäsar **am Herzen**.*
- Das Subjekt und alle Substantive können durch Attribute erweitert werden (Adjektive, Partizipien, Pronomen, Zahlwörter, Substantive im gleichen Kasus, im Genitiv, im Ablativus qualitatis und mit einer Präposition):
  Marcus mihi librum **parvum** donat. *Markus schenkt mir ein **kleines** Buch.*
  Aedes **Minervae** ampla est. *Der Tempel der **Minerva** ist groß.*
- Adjektive können durch Adverbiale und Ergänzungen, Adverbien durch Adverbiale erweitert werden:
  Cato vir **vere** Romanus erat. *Cato war ein **echter** Römer (= ein **wahrhaft** römischer Mann).*

„Das Haus des Dichters."

{ *„Domus poetae."* }

8 Der Genitiv

8.1 Der Genitiv als Objekt

8.2 Der Genitiv als Attribut

8.3 Der Genitiv beim Prädikat

Der Genitiv

Der Genitiv bezeichnet die Zugehörigkeit einer Person oder Sache oder den Bereich eines Begriffes.

8.1 Der Genitiv als Objekt

Der Genitiv als Objekt steht bei den Verben des Erinnerns und Vergessens:

meminisse/reminisci *sich erinnern*
oblivisci *vergessen*

meminisse beneficiorum *sich an die Wohltaten erinnern*
Numquam beneficiorum tuorum obliviscemur. *Niemals werden wir deine Wohltaten vergessen.*

Die genannten Verben können auch mit dem Akkusativ stehen; **recordari** *sich erinnern* und **admonere** *jemanden erinnern* werden meist mit Ablativ + **de** verwendet:
Recordor de amico tuo. *Ich erinnere mich an deinen Freund.*
Admoneo te de amicitia nostra. *Ich erinnere dich an unsere Freundschaft.*

Der Genitiv als Objekt steht außerdem bei den Verben der Gerichtssprache:

arguere *beschuldigen*
accusare *anklagen*
convincere *überführen*
damnare/condemnare *verurteilen*
absolvere *freisprechen*

aliquem damnare necis *jemanden wegen Mordes verurteilen*
aliquem absolvere sceleris *jemanden von einem Verbrechen freisprechen*

Der Genitiv kann auch in folgenden unpersönlichen Ausdrücken das Objekt sein:

me pudet *ich schäme mich*
me taedet *es ekelt mich*
me paenitet *ich bereue*
me piget *ich ärgere mich*
me miseret *ich habe Mitleid*

Me piget meae stultitiae. *Ich ärgere mich über meine Dummheit.*
Me miseret infirmorum. *Die Kranken tun mir leid.*

8.2 Der Genitiv als Attribut

In folgenden Fällen tritt der Genitiv als Attribut auf:

- Der Genitivus subiectivus bezeichnet die Person, die etwas tut oder empfindet:

timor Romanorum *die Furcht der Römer*

- Der Genitivus obiectivus bezeichnet die Person oder Sache, auf die sich eine Tätigkeit oder Empfindung richtet:

timor Romanorum *die Furcht vor den Römern*
spes salutis *Hoffnung auf Rettung*

- Der Genitivus possessivus bezeichnet den Eigentümer oder die Zugehörigkeit einer Person oder Sache:

templa deorum *Göttertempel*
mos maiorum *Sitte der Vorfahren*

Der Genitivus obiectivus bzw. possessivus steht bei folgenden Adjektiven:

plenus *voll*
(im-)memor *(nicht) denkend an*
studiosus *bemüht um*
particeps/expers *beteiligt an/ohne Anteil an*
cupidus/avidus *begierig*
compos *mächtig*
peritus/imperitus *erfahren/unerfahren*
conscius/inscius *wissend/unwissend*
gnarus/ignarus *erfahren/unerfahren*

studiosus litterarum *bemüht um die Wissenschaften*
memor iniuriae acceptae *im Bewusstsein des erlittenen Unrechts*
particeps rationis *im Besitz der Vernunft*

Auch beim Partizip Präsens transitiver Verben tritt der Genitiv auf, wenn es sich um eine dauerhafte Eigenschaft handelt:

amans patriae *patriotisch*
appetens gloriae *ehrgeizig*
neglegens officii *pflichtvergessen*
patiens laborum *gegen Strapazen abgehärtet*

- Der Genitivus qualitatis beschreibt eine Eigenschaft, besonders bei Wert- und Zahlangaben:

vir magni animi *ein geistvoller Mann*
iter paucorum dierum *eine Reise von wenigen Tagen*

- Der Genitivus partitivus gibt den Teil einer Gesamtheit an. Er steht bei Ausdrücken der Menge und des Maßes, Adverbien, Pronomen, Komparativen und Superlativen:

magna vis auri	*eine große Menge Gold*
multum temporis	*viel Zeit*
Quis vestrum?	*Wer von euch?*
optimus medicorum	*der beste Arzt*

8.3 Der Genitiv beim Prädikat

Der Genitiv kann auch ein Element des Prädikats sein.

Der Genitivus possessivus bezeichnet den Eigentümer oder die Zugehörigkeit bei **esse** in der Bedeutung *gehören* und in unpersönlichen Wendungen eine Eigenschaft:

Domus poetae est. *Das Haus gehört dem Dichter.*
Humanitatis habetur miseros adiuvare. *Es gilt als Zeichen von Menschlichkeit, den Armen zu helfen.*

Der Genitivus pretii gibt den Wert einer Sache bei folgenden Verben an:

aestimare/facere/habēre/putare *(ein-)schätzen, achten*
(magni) esse/fieri *(viel) wert sein, gelten*

magni/parvi facere *hoch/gering einschätzen*
minoris/pluris esse *weniger/mehr gelten*
Litterae tuae mihi plurimi sunt. *Deine Briefe sind mir sehr viel wert (= deine Briefe bedeuten mir sehr viel).*

Auf einen Blick

Der Genitiv

Der Genitiv bezeichnet die Zugehörigkeit einer Person oder Sache oder den Bereich eines Begriffes.

Der **Genitiv als Objekt** steht bei den Verben des Erinnerns und Vergessens, Verben der Gerichtssprache sowie unpersönlichen Ausdrücken:
Numquam **tui** oblivisci potero. *Ich werde dich niemals vergessen können.*
Servus **criminis** absolvitur. *Der Sklave wurde von dem Vorwurf freigesprochen.*
Me pudet **meae stultitiae.** *Ich schäme mich meiner Dummheit.*

Der **Genitiv als Attribut** kann in verschiedenen Formen auftreten:
- Genitivus subiectivus: spes **Romanorum** *die Hoffnung der Römer*/Genitivus obiectivus: spes **Romanorum** *die Hoffnung auf die Römer*
- Genitivus possessivus: templa **deorum** *Göttertempel*, studiosus **litterarum** *bemüht um die Wissenschaften*
- Genitivus qualitatis: Hic vir **magni animi** est. *Dies ist ein geistvoller Mann.*
- Genitivus partitivus: Multum **temporis** non est. *Es ist nicht viel Zeit.*

Der **Genitiv beim Prädikat** hat bei esse die Bedeutung *gehören* und gibt in unpersönlichen Wendungen eine Eigenschaft (Genitivus possessivus) an:
Domus **poetae** est. *Das Haus gehört dem Dichter.*
Consulis est rem publicam servare. *Es ist Aufgabe des Konsuls, für den Staat zu sorgen.*

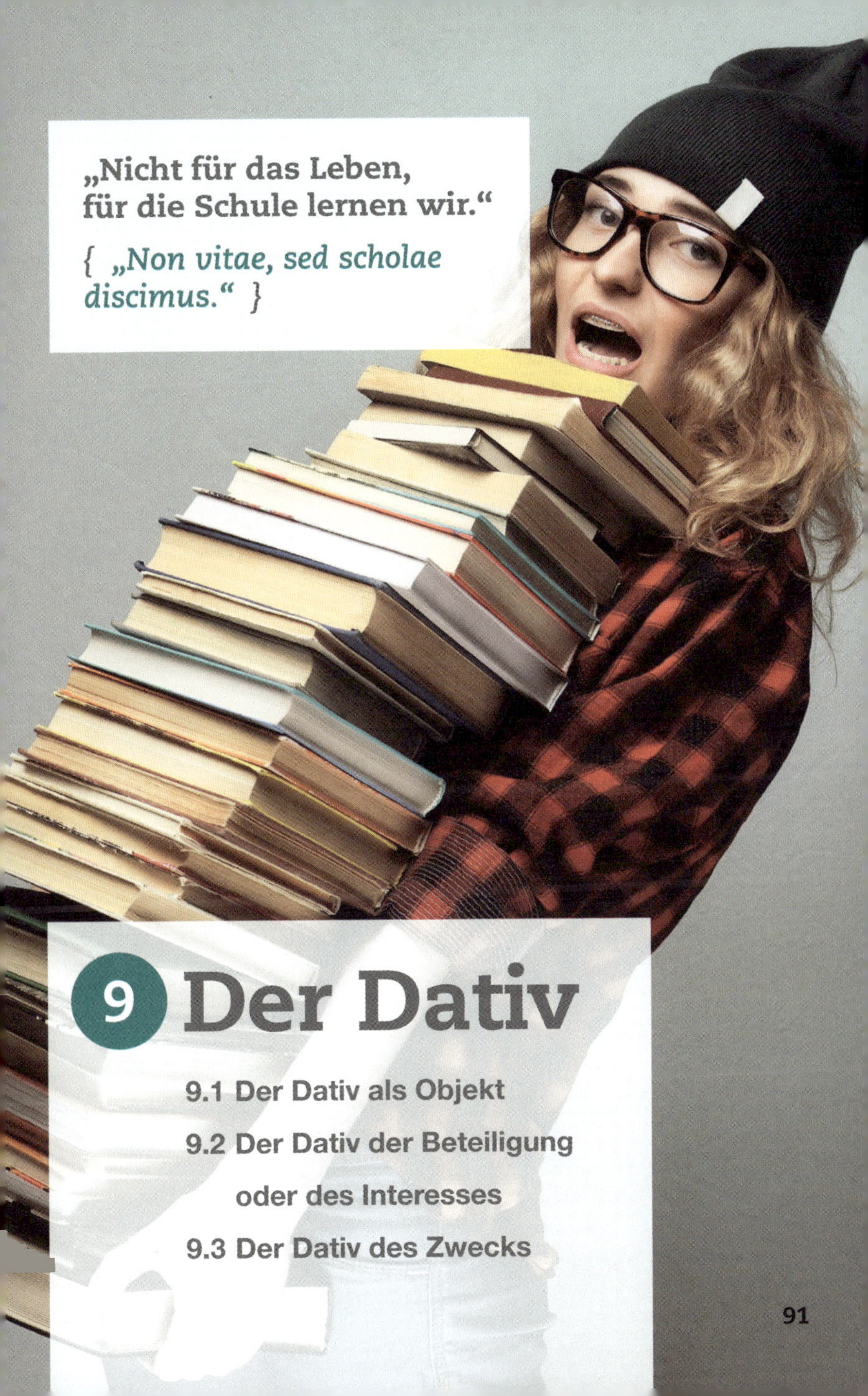

„Nicht für das Leben, für die Schule lernen wir.“

{ „Non vitae, sed scholae discimus.“ }

9 Der Dativ

Der Dativ

Der Dativ bezeichnet entweder die Person oder Sache, der sich eine Handlung zuwendet oder für die eine innere Beteiligung bzw. ein Interesse besteht, oder den Zweck einer Handlung.

Verben, die kein Akkusativobjekt nach sich ziehen, heißen intransitive Verben.

9.1 Der Dativ als Objekt

Der Dativ als Objekt steht bei intransitiven Verben:

studēre *sich bemühen*
parcere *schonen*
persuadēre *überreden, überzeugen*
favēre *begünstigen*
invidēre *beneiden*
nubēre *heiraten*
nocēre *schaden*

rei publicae nocēre *dem Staat schaden*
studēre litteris *sich mit den Wissenschaften befassen*
Factis tuis mihi persuasisti. *Durch deine Taten hast du mich überzeugt.*

Folgende intransitive Verben bilden ein unpersönliches Passiv:

Nemini parcetur. *Niemand wird geschont werden.*
Nobis invidetur. *Wir werden beneidet (= man beneidet uns).*
Ei persuasum est. *Er ist überzeugt.*

Verben, die an sich transitiv sind (▶ 10), bekommen mit dem Dativ eine andere Bedeutung:

	mit Akkusativ	mit Dativ
consulere	*befragen*	*sorgen für*
providēre/prospicere	*vorhersehen*	*sorgen für*
temperare	*ordnen*	*mäßigen*
metuere/timēre	*etwas fürchten*	*um etwas fürchten*

oraculum consulere *ein Orakel befragen*
sibi consulere *für sich sorgen*
dolorem timēre *Schmerz fürchten*
timēre rebus suis *um sein Vermögen fürchten*

Der Dativ als Objekt steht auch bei **esse** in der Bedeutung *haben*, *besitzen* und bei den Komposita von **esse**, **stare**, **venire**:

adesse amicis *den Freunden beistehen*
praestare ceteris *den Übrigen überlegen sein*

9.2 Der Dativ der Beteiligung oder des Interesses

Der Dativus commodi/incommodi steht auf die Frage „wofür?“, „für wen?“ zur Bezeichnung eines Vor- oder Nachteils:

Marcus hortum aliis colit, non sibi. *Markus legt einen Garten nicht für sich, sondern für andere an.*

Der Dativus auctoris steht auf die Frage „von wem?“, meist beim Gerundiv (▶ 14.2):

Liber mihi legendus est. *Das Buch muss von mir gelesen werden (= ich muss das Buch lesen).*

Der Dativus possessivus gibt einen Besitz an:

Cui magna pecunia est? *Wer hat viel Geld?*
Mihi domus est. *Ich besitze ein Haus.*

9.3 Der Dativ des Zwecks

Der Dativus finalis gibt den Zweck („wozu?“) an:

- bei **esse** mit doppeltem Dativ in der Bedeutung *dienen zu*, *gereichen zu* (▶ 7.1):

alicui usui esse *jemandem von Nutzen sein*
alicui admirationi esse *von jemandem bewundert werden*

- bei **dare**, **tribuere**, **vertere** in der Bedeutung *anrechnen*, *auslegen als* (Adverbiale):

alicui aliquid vitio dare/vertere *jemandem etwas zum Vorwurf machen*
alicui aliquid superbiae tribuere *jemandem etwas als Hochmut auslegen*

- bei folgenden Verben:

venire *kommen*
mittere *schicken*
arcessere *herbeiholen*
relinquere *zurücklassen*

auxilio venire *zu Hilfe kommen*
praesidio relinquere *als Schutz zurücklassen*

Auf einen Blick

Der Dativ

Der Dativ bezeichnet die Person oder Sache, der sich eine Handlung zuwendet oder für die ein Interesse besteht, oder den Zweck einer Handlung.

Der **Dativ als Objekt** steht bei intransitiven Verben sowie den Komposita von esse, stare, venire:
Tibi invideo. *Ich beneide dich.*
Catilina **rei publicae** nocet. *Catilina schadet dem Staat.*
Amicisne adfuisti? *Bist du den Freunden beigestanden?*

Der **Dativus commodi** bzw. **incommodi** bezeichnet einen Vor- oder Nachteil:
Divitias **mihi** paro, non **aliis.** *Ich verschaffe mir Reichtum, nicht anderen.*

Der **Dativus auctoris** steht, meist beim Gerundiv, auf die Frage „von wem?“:
Labor **mihi** faciendus est. *Die Arbeit muss von mir getan werden (= ich muss die Arbeit tun).*

Der **Dativus possessivus** gibt einen Besitz an:
Villa **fratri** est. *Das Landhaus gehört dem Bruder.*

Der **Dativus finalis** gibt den Zweck („wozu?“) an:
Id mihi non **usui** est. *Dies ist mir nicht von Nutzen.*
Cicero Caesari superbiam **vitio** dedit. *Cicero machte Caesar seinen Hochmut zum Vorwurf.*
Legati militibus **auxilio** venerunt. *Die Gesandten kamen den Soldaten zu Hilfe.*

⚡ Manche transitiven Verben bekommen mit dem Dativ eine andere Bedeutung: res futuras providere *die Zukunft vorhersehen*, aber: civibus providere *für die Bürger sorgen.*

10 Der Akkusativ

10.1 Der Akkusativ als Objekt

10.2 Der Akkusativ als Adverbiale

„Nutze den Tag.“
{ *„Carpe diem.“* }

Der Akkusativ

Der Akkusativ bezeichnet als Objekt die Person oder Sache, auf die sich eine Tätigkeit richtet, die Ausdehnung bei Raum- und Zeitangaben auf die Fragen „wie lang/breit?", „wie lange?" und als Adverbiale die Richtung oder das Ziel auf die Frage „wohin?".

Verben, die ein Akkusativobjekt erfordern, heißen transitive Verben.

10.1 Der Akkusativ als Objekt

Der Akkusativ als Objekt steht bei transitiven Verben.

Folgende Verben können im Deutschen nicht immer mit dem Akkusativ übersetzt werden:

(ad-)aequare *gleichkommen*	**sequi** *folgen*
iuvare *unterstützen*	**vetare** *verbieten*
cavēre *sich hüten vor*	**deficere** *verlassen, mangeln*
(ef-)fugere *fliehen vor*	**ulcisci** *rächen*
iubēre *befehlen*	

Libenter amicos iuvo. *Gern helfe ich den Freunden.*
Milites hostes fugiunt. *Die Soldaten fliehen vor den Feinden.*
Caesar iniuriam ultus est. *Cäsar rächte sich für das Unrecht.*

Er steht auch bei Verben der Gemütsbewegung:

dolēre *Schmerz empfinden*	**flēre** *weinen*
maerēre *traurig sein über*	**ridēre** *lachen*
queri *sich beklagen über*	**horrēre** *schaudern, zittern vor*

Mater dolet mortem filiae. *Die Mutter beklagt den Tod ihrer Tochter.*
Senatores iniurias queruntur. *Die Senatoren beschweren sich über Beleidigungen.*

Der doppelte Akkusativ wird verwendet bei:

docēre *lehren*	poscere *fordern*
celare *verheimlichen*	postulare *fordern*

Magister discipulos linguam docet. *Der Lehrer lehrt die Schüler eine Sprache.*
Clientes patronum auxilium postulabant. *Die Klienten forderten von dem Patron Hilfe.*

Der doppelte Akkusativ des Objekts und Prädikatsnomens steht bei:

habēre *haben (als)*
ducere/arbitrari/existimare/iudicare/putare *halten (für)*
dicere/nominare/appellare *nennen, bezeichnen als*
facere/reddere *machen (zu)*
creare *wählen (zu)*
se praebēre/se praestare *sich zeigen, erweisen (als)*
dare/tradere *geben (als)*

aliquem stultum ducere *jemanden für dumm halten*
se prudentem praestare *sich als klug erweisen*
facere aliquem amicum *sich jemanden zum Freund machen*

⚡ Im Passiv wird aus dem doppelten Akkusativ ein doppelter Nominativ:
Cicero consul creatus est. *Cicero ist zum Konsul gewählt worden.*

Auch bei Ausrufen steht der doppelte Akkusativ: **Heu, me miseram!** *Ach, ich Arme!*

10.2 Der Akkusativ als Adverbiale

Der Akkusativ der Richtung bezeichnet das Ziel auf die Frage „wohin?“ ohne Präposition bei Städtenamen und kleineren Inseln:

Romam contendere *nach Rom eilen*
Delum proficisci *nach Delos reisen*
domum redire *nach Hause zurückkehren*

Er steht bei Verben der Bewegung zur Bezeichnung des Ziels auf die Frage „wohin?“ mit Präposition (im Deutschen meist „wo?“):

advenire *ankommen*
cogere *zusammentreiben, versammeln*
convenire *zusammenkommen, sich versammeln*
abdere *verbergen*
concurrere *zusammenlaufen*
nuntiare *melden*

in urbem advenire *in der Stadt ankommen*
se in silvam abdere *sich im Wald verstecken*

Der Akkusativ der Ausdehnung in Raum und Zeit beantwortet die Fragen „wie hoch?“, „wie tief?“, „wie lang?“, „wie breit?“, „wie weit?“, „wie alt?“, „wie lange Zeit?“:

decem pedes altus *zehn Fuß hoch/tief*
dies noctesque iter facere *Tag und Nacht marschieren*

Auf einen Blick

Der Akkusativ

Der Akkusativ bezeichnet als Objekt die Person oder Sache, auf die sich eine Tätigkeit richtet, die Ausdehnung bei Raum- und Zeitangaben auf die Fragen „wie lang/breit?", „wie lange?" und als Adverbiale die Richtung oder das Ziel auf die Frage „wohin?".

Der **Akkusativ als Objekt** steht bei transitiven Verben und Verben der Gemütsbewegung:
Tullia **amicas** iuvat. *Tullia hilft den Freundinnen.*
Mortem effugere nemo potest. *Dem Tod kann niemand entfliehen.*
Miles **iniurias** queritur. *Der Soldat beschwert sich über Beleidigungen.*

⚡ Manche Verben sind im Lateinischen transitiv, d. h., sie erfordern den Akkusativ, werden im Deutschen aber vom Dativ gefolgt: Cave **canem!** *Hüte dich vor dem Hund!*
Milites **imperatorem** secuti sunt. *Die Soldaten folgten dem Feldherrn.*
Bei bestimmten Verben steht der **doppelte Akkusativ:**
Magister **discipulos** linguam Graecam docet.
Der Lehrer bringt den Schülern Griechisch bei.
Discipulos stultos ducit. *Er hält die Schüler für dumm.*

Der **Akkusativ der Richtung** bezeichnet das Ziel auf die Frage „wohin?" (ohne Präposition bei Städten und kleineren Inseln):
Romam profectus est. *Er ist nach Rom aufgebrochen.*
Tum in **urbem** advenit. *Dann kam er in der Stadt an.*

11 Der Ablativ

„Ich brauche Geld."

{ *„Mihi pecunia opus est."* }

Der Ablativ

ⓘ Der Ablativ hat meist die Funktion einer adverbialen Bestimmung, d. h. er dient zum Ausdruck der näheren Umstände, unter denen sich die Handlung des Prädikats vollzieht. Gewöhnlich wird er mit einem Präpositionalausdruck übersetzt.

- Der Ablativus instrumentalis bezeichnet das Mittel, womit oder wodurch etwas geschieht:

gladio pugnare *mit dem Schwert kämpfen*
memoriā tenere *im Gedächtnis behalten*

Er steht bei einigen Deponentien sowie bei opus esse *brauchen, nötig haben*:

occasione uti *die Gelegenheit nutzen*
munere fungi *ein Amt verwalten*
Mihi pecuniā opus est. *Ich brauche Geld.*

Auch einige Adjektive haben den Ablativus instrumentalis nach sich, z. B.:

confisus amicitiā *im Vertrauen auf die Freundschaft*
contentus vitā *mit dem Leben zufrieden*
Id dignum est laude. *Das ist lobenswert.*

- Der Ablativus modi drückt die Art und Weise aus:

summo (cum) studio defendere *mit höchstem Eifer verteidigen*

Folgende Ausdrücke stehen im bloßen Ablativus modi:

iure *zu Recht*	**eodem modo** *auf dieselbe Weise*
iniuriā *zu Unrecht*	**hac ratione** *auf folgende Weise*
casu *zufällig*	**eo consilio** *in dieser Absicht*
eā condicione *unter dieser Bedingung*	**vi** *gewaltsam*

- Der Ablativus qualitatis bezeichnet eine Eigenschaft:

mulier eximiā formā *eine außergewöhnlich schöne Frau*
Iuvenes bono animo erant. *Die jungen Leute waren gut gelaunt.*

- Der Ablativus pretii gibt einen Wert oder Preis an:

magno emere *teuer kaufen*
minimo vendere *sehr billig verkaufen*

- Der Ablativus mensurae gibt bei Vergleichen das Maß an:

duobus annis prius/ante *zwei Jahre früher/später*
multo melior *viel besser*
quo maior, eo celerior *je größer, desto schneller*

- Der Ablativus limitationis dient zur näheren Bestimmung oder Einschränkung:

deficere animo *mutlos werden*
superare aliquem prudentiā *jemanden an Klugheit übertreffen*
Maior natu sum quam soror meus. *Ich bin älter als meine Schwester.*

- Der Ablativus causae gibt die Ursache an, vor allem bei Verben und Adjektiven der Gemütsbewegung:

gaudēre nuntio *sich über die Nachricht freuen*
maestus morte alicuius *traurig über jemandes Tod*
fessus aetate *altersschwach*

Oft steht beim Ablativus causae ein Partizip Perfekt Passiv, das in der Regel nicht übersetzt wird, z. B.:

dolore motus *aus Schmerz*
irā incensus *vor Wut*

- Der Ablativus separativus, der Ablativ der Trennung, wird gebraucht bei:

carēre *nicht haben***egēre** *benötigen*
spoliare/privare *berauben* **solvere** *lösen*

Bloßer Ablativ oder Ablativ mit Präposition steht nach:

liberare (a) *befreien* **liber (a)** *frei*
vacare (a) *frei sein* **vacuus (a)** *frei*
arcēre (a) *abhalten* **tutus (a)** *sicher*
prohibēre (a) *fernhalten* **abstinēre (a)** *abhalten*

egēre consilio *einen Rat brauchen*
vacuus doloribus *schmerzfrei*

Bei Städten und kleineren Inseln gibt er den Ausgangspunkt an:

Romā proficisci *aus Rom aufbrechen*
Navis Delo nondum revertit. *Das Schiff ist noch nicht aus Delos zurückgekehrt.*
(Aber: **ex urbe proficisci** *aus der Stadt abreisen*)

- Der Ablativus originis zeigt die soziale Herkunft an:

nobili genere ortus/natus *aus einer vornehmen Familie stammend*

- Der Ablativus comparationis steht bei Vergleichen im Komparativ anstelle der Konstruktion mit **quam**:

Terra sole minor est. *Die Erde ist kleiner als die Sonne.*
(statt: **Terra minor est quam sol.**)

- Der Ablativus loci (Lokativ) steht bei einer Ortsangabe ohne Präposition:

Carthagine vivere *in Karthago leben*
totā urbe *in der ganzen Stadt*
terrā marique *zu Wasser und zu Land*

Sonderformen: **Romae** *in Rom,* **domi** *zu Hause,* **domi militiaeque** *in Krieg und Frieden*

In der Regel ist der Lokativ von der Präposition **in** mit Ablativ verdrängt worden: **in Italia** *in Italien*, **in urbe esse** *in der Stadt sein*. Er steht auch beim Ort nach einigen Verben, die im Deutschen die Frage „wohin?" erfordern:

statuam in foro collocare *eine Statue auf das Forum stellen*
tempus in litteris consumere *Zeit auf die Wissenschaften verwenden*

- Der Ablativus temporis bestimmt einen Zeitpunkt oder Zeitraum:

postero die *am folgenden Tag*
paucis annis *innerhalb weniger Jahre*

Auf einen Blick

Der Ablativ

Der Ablativ dient zum Ausdruck der näheren Umstände, unter denen sich die Handlung des Prädikats vollzieht.

Der **Ablativus instrumentalis** bezeichnet das Mittel, womit oder wodurch etwas geschieht:
Gladio pugnant. *Sie kämpfen mit dem Schwert.*
Consul **munere** bene functus est. *Der Konsul verwaltete das Amt gut.*

Der **Ablativus qualitatis** bezeichnet eine Eigenschaft:
Titus **bono animo** erat. *Titus war gut gelaunt.*

Der **Ablativus pretii** gibt einen Wert oder Preis an:
Domum **magno** emi. *Ich habe das Haus teuer gekauft.*

Der **Ablativus causae** gibt die Ursache an:
Nuntio tuo gaudeo. *Ich freue mich über deine Nachricht.*

Der **Ablativus separativus** bezeichnet eine Trennung und gibt bei Städten und kleineren Inseln den Ausgangspunkt an.
Vinum nos **(a) curis** liberat. *Wein befreit uns von Sorgen.*
Romā proficiscimur. *Wir brechen aus Rom auf.*

Der **Ablativus comparationis** bezeichnet Vergleiche:
Cornelia **Flavio** maior est. *Cornelia ist größer als Flavius.*

Der **Ablativus loci** (Lokativ) steht bei einer Ortsangabe ohne Präposition:
Totā urbe homines huc et illuc currunt. *In der ganzen Stadt laufen die Menschen hierhin und dorthin.*

Der **Ablativus temporis** bestimmt Zeitpunkt oder -raum:
Postero die Gaius domum revertit. *Am folgenden Tag kehrte Gaius nach Hause zurück.*

„Ich glaube, du verstehst das.“

{ „Puto te hoc intellegere.“ }

12 Der Infinitiv

Der Infinitiv

Der Infinitiv kann wie ein Substantiv als Subjekt und Objekt verwendet werden. Dabei kann er wie ein Verb durch Objekte ergänzt und durch Adverbien näher bestimmt werden.

12.1 Der Infinitiv als Subjekt

Gebrauch

Der Infinitiv als Subjekt steht bei unpersönlichen Verben und Ausdrücken:

Libere **dicere** licet. *Es ist erlaubt, frei zu sprechen.*
Errare humanum est. *Irren ist menschlich.*

Er steht auch in Verbindung mit einem Prädikatsnomen.
Ist kein Bezugswort (Subjekt) vorhanden, steht das Prädikatsnomen im Akkusativ:
Prodest **divitem esse.** *Es ist vorteilhaft, reich zu sein.*

12.2 Der Infinitiv als Objekt

Gebrauch

Der Infinitiv steht als Objekt bei Verben im Aktiv und bei Deponentien, die eine Ergänzung durch ein Objekt benötigen, besonders bei Verben des Wollens, Könnens, Müssens, Bewirkens und Unterlassens:

Potuit in urbem **redire.** *Er konnte in die Stadt zurückkehren.*
Conatus est litteras **scribere.** *Er versuchte einen Brief zu schreiben.*

Das Prädikatsnomen steht im Nominativ:
Homines **beati esse** conantur. *Die Menschen versuchen, glücklich zu sein.*

12.3 Der AcI (Akkusativ mit Infinitiv)

Gebrauch

Der AcI ist eine typisch lateinische Konstruktion. Er besteht aus einem Akkusativ und einem Infinitiv, die von einem übergeordneten Prädikat abhängig sind:
Audio **amicum venire**. *Ich höre den Freund kommen.*
= Ich höre, dass der Freund kommt.
Von audio ist abhängig:

- das Akkusativobjekt amicum
- der Infinitiv venire, also ein Akkusativ mit Infinitiv.

Der Akkusativ wird im Deutschen zum Subjekt des Nebensatzes, der Infinitiv wird zum Prädikat. Als Übersetzungshilfe bietet sich ein dass-Satz an.

Auch das Prädikatsnomen steht im Akkusativ:

Scimus te beat**um** esse. *Wir wissen, dass du glücklich bist.*

Ist das Subjekt des übergeordneten Satzes dasselbe wie im AcI, steht ein Reflexivpronomen:

Scit **se** aegrotum esse. ***Er*** *weiß, dass* ***er*** *krank ist.*
Aber: Scio **eum** aegrotum esse. ***Ich*** *weiß, dass* ***er*** *krank ist.*

Die drei Zeitstufen des Infinitivs im AcI bezeichnen jeweils verschiedene Zeitverhältnisse: Bei Gleichzeitigkeit der Handlungen steht der Infinitiv Präsens, bei Vorzeitigkeit des Nebensatzes der Infinitiv Perfekt und bei Nachzeitigkeit der Infinitiv Futur:

credo	**te hoc intellegere**	*ich glaube, du verstehst das*
credebam		*ich glaubte, du würdest das verstehen*
credo	**te hoc intellexisse**	*ich glaube, du hast das verstanden*
credebam		*ich glaubte, du habest das verstanden*
credo	**te hoc intellecturum esse**	*ich glaube, du wirst das verstehen*
credebam		*ich glaubte, du werdest das verstehen*

Der AcI steht:

- bei Verben und Ausdrücken des Sagens:

Mater patrem in horto esse dicit. *Mutter sagt, Vater sei im Garten.*
Amicus Gaium non valēre nuntiavit. *Der Freund meldete, dass Gaius nicht gesund sei.*

- bei Verben und Ausdrücken des Wahrnehmens und Wissens:

Scio te fidelem esse. *Ich weiß, dass du zuverlässig bist.*
Patere tua consilia, Catilina, non sentis? *Merkst du denn nicht, Catilina, dass deine Pläne kein Geheimnis sind?*

- bei Verben und Ausdrücken der Gefühlsäußerung:

Doleo matrem tuam aegrotam esse. *Es tut mir leid, dass deine Mutter krank ist.*

- bei Verben des Veranlassens und Hinderns:

Veto te in flumine natare. *Ich verbiete dir, im Fluss zu schwimmen.*
Tarquinius milites arcem claudere iussit. *Tarquinius befahl den Soldaten, die Burg zu schließen.*

Wird die Person, der etwas befohlen wird, nicht genannt, erscheint der Infinitiv im Passiv:
Tarquinius arcem **claudi iussit**. *Tarquinius befahl die Burg zu schließen.*

- bei velle *wollen*, malle *lieber wollen*, nolle *nicht wollen*, cupere *wünschen*, studēre *sich bemühen*:

Te diutius hic versari nolo. *Ich will nicht, dass du dich noch länger hier aufhältst.*

Optare *wünschen* steht immer mit ut:
Non **opto, ut** diutius hic verseris. *Ich wünsche nicht, dass du dich noch länger hier aufhältst.*

- bei unpersönlichen Ausdrücken:

oportet *es gehört*	apparet *es ist offenbar*
opus est *es ist nötig*	constat *es ist bekannt*
necesse est *es ist notwendig*	

Apparet te mentitum esse. *Du hast offenbar gelogen.*
Fama fuit vos Romam profectos esse. *Es ging das Gerücht, ihr seiet nach Rom gereist.*

- im verschränkten Relativsatz:

Sequor amicum, quem prudentem esse scio. *Ich folge dem Freund, von dem ich weiß, dass er klug ist.*

⚡ Nach **sperare** *hoffen*, **promittere/pollicēri** *versprechen*, **iurare** *schwören* und **minari** *drohen* steht im AcI der Infinitiv Futur, im Deutschen dagegen meist Präsens:
Spero te venturum esse. *Ich hoffe, dass du kommst.*

ℹ Nach Verben der Sinneswahrnehmung kann statt des AcI auch der Akkusativ mit Partizip (AcP) stehen, wenn eine unmittelbare Wahrnehmung ausgedrückt werden soll:
Audio te loquentem. *Ich höre, dass (= wie) du sprichst.*

12.4 Der NcI (Nominativ mit Infinitiv)

Gebrauch

💡 Treten die Verben, nach denen der AcI als Objekt steht, ins Passiv und werden persönlich konstruiert, wird statt des AcI der NcI verwendet. Er steht bei Verben des Sagens, Glaubens, Berichtens oder Überlieferns im Passiv:

vidēri *scheinen*
dici *gesagt werden (= es heißt)*
iuberi *befohlen werden*
fertur/feruntur *man erzählt, dass*
traditur/traduntur *es wird überliefert, dass*

Milites arcem claudere iussi sunt. *Den Soldaten wurde befohlen, die Burg zu schließen.*
Videris verum non dicere. *Du scheinst nicht die Wahrheit zu sagen.*
Beati esse dicimini. *Es heißt, ihr seid glücklich.*
Troia decem annos a Graecis obsessa esse fertur. *Man erzählt, Troia sei zehn Jahre lang von den Griechen belagert worden.*

Auf einen Blick

Der Infinitiv

Der Infinitiv kann als Subjekt oder Objekt stehen:
Eam epistulam **scribere** necesse est. *Es ist notwendig, diesen Brief zu schreiben.*
Errare humanum est. *Irren ist menschlich.*

Der AcI

Der AcI besteht aus einem Akkusativ und einem Infinitiv, die von einem übergeordneten Prädikat abhängig sind. Der Akkusativ wird im Deutschen zum Subjekt des Nebensatzes, der Infinitiv zum Prädikat. Übersetzen Sie mit einem dass-Satz.

Scio te miserum esse. *Ich weiß, dass du unglücklich bist.*
Apparet vos Romam profectos esse. *Ihr seid offensichtlich nach Rom gereist (= es ist offenbar, dass ihr nach Rom gereist seid).*
Volo vos omnes contentos esse. *Ich will, dass ihr alle zufrieden seid.*

Die drei **Zeitstufen** des Infinitivs im AcI bezeichnen jeweils verschiedene Zeitverhältnisse!

Der NcI

Treten die Verben, nach denen der AcI als Objekt steht, ins Passiv und werden persönlich konstruiert, wird statt des AcI der NcI verwendet:
Tu amicum meum esse **putaris.** *Man meint, du seist mein Freund (= du wirst für meinen Freund gehalten).*
Homerus caecus fuisse **fertur.** *Man erzählt, Homer sei blind gewesen.*

13 Das Partizip

„Plato starb beim Schreiben.“

{ *„Plato scribens mortuus est.“* }

Das Partizip

Das Partizip kann die Funktion eines Adjektivs und eines Verbs haben. Es richtet sich in beiden Fällen in Kasus, Numerus und Genus nach seinem Bezugswort. Es kann aktiv oder passiv sein.

Formen und Gebrauch

Wird das Partizip verbal gebraucht, gibt sein Tempus das Zeitverhältnis zwischen dem Vorgang des Partizips und dem des übergeordneten Verbs an: Das Partizip Präsens erfasst einen gleichzeitigen Vorgang, das Partizip Perfekt einen vorzeitigen Vorgang und das Partizip Futur einen nachzeitigen Vorgang.

gleichzeitig:	**scribens** taceo	*ich schweige, während ich schreibe*
vorzeitig:	**locutus** taceo	*ich schweige, nachdem ich gesprochen habe*
nachzeitig:	**adiuturus** venio	*ich komme, weil ich helfen will*

Das Partizip kann

- attributiv verwendet werden:

praemium promissum *die versprochene Belohnung*
homines appetentes gloriae *nach Ruhm strebende Menschen*

- oder prädikativ:

Plato scribens mortuus est. *Plato starb beim Schreiben.*
Multi appetentes gloriae sunt. *Viele sind ruhmgierig.*

13.1 Das Participium coniunctum

Gebrauch

Als Participium coniunctum bezeichnet man ein Partizip, das sich auf einen Satzteil bezieht und in der Regel durch ein Objekt oder eine Adverbiale erweitert ist:
Caesar milites suos **cohortatus** proelium commisit.
Cäsar ermutigte seine Soldaten und begann den Kampf.
Milites multos homines in his oppidis **habitantes** occiderunt. *Die Soldaten töteten viele Menschen, die in diesen Städten wohnten.*

Der logische Zusammenhang der Partizipialkonstruktion zum gesamten Satz muss aus dem Kontext erschlossen werden. Er kann temporal, kausal, konditional, konzessiv, final oder modal sein:

temporal:	Troia decem annos obsessa denique a Graecis expugnata est. ***Nachdem*** *Troia zehn Jahre lang belagert worden war, wurde es schließlich von den Griechen erobert.*
kausal:	Tibi nos in summo periculo tutato grati sumus. *Wir sind dir dankbar,* ***weil*** *du uns in höchster Gefahr beschützt hast.*
konditional:	Te ducem sequentes certe aberrabimus. ***Wenn*** *wir dir als Führer folgen, werden wir sicher in die Irre gehen.*
konzessiv:	Auxilium tuum nobis pollicitus non adiuvisti. ***Obwohl*** *du uns deine Hilfe versprochen hast, hast du uns nicht geholfen.*
modal:	Multi te inopinantem observant. *Viele beobachten dich,* ***ohne dass*** *du es merkst.*

Übersetzt werden kann das Participium coniunctum mit einem Nebensatz, einem beigeordneten Hauptsatz oder einem präpositionalen Ausdruck:

	Servus a domino laudatus non gavisus est.
Nebensatz:	*Obwohl der Sklave von seinem Herrn gelobt worden war, freute er sich nicht.*
präpositionaler Ausdruck:	*Trotz des Lobes seines Herrn freute sich der Sklave nicht.*
beigeordneter Hauptsatz:	*Der Sklave wurde von seinem Herrn gelobt; dennoch freute er sich nicht.*

13.2 Der Ablativus absolutus

Gebrauch

Der Ablativus absolutus ist ein Ablativ mit einem prädikativen Partizip. Wie das Participium coniunctum ist er eine Satzverkürzung, die eine adverbiale Bestimmung enthält:

Ponte aedificato milites flumen transierunt. = **Postquam pons aedificatus est**, milites flumen transierunt. *Nachdem die Brücke erbaut worden war, überquerten die Soldaten den Fluss.*

Im Unterschied zum Participium coniunctum ist der Ablativus absolutus nicht von einem Glied des übrigen Satzes abhängig. Daher kann man ihn in der Übersetzung von der Konstruktion des Satzes lösen. Sinnrichtung und Übersetzung erfolgen ähnlich wie beim Participium coniunctum (▶ 13.1):

Troiā deletā Graeci in patriam navigaverunt. *Nachdem Troia zerstört worden war, segelten die Griechen nach Hause zurück./Nach der Zerstörung Troias segelten die Griechen nach Hause zurück.*
Multis foris **clamantibus** somnum capere non potui. *Weil draußen viele lärmten, konnte ich nicht einschlafen./ Draußen lärmten viele, sodass ich nicht einschlafen konnte.*
Aeneā ducente Troiani Italiam appetiverunt. *Unter der Führung von Aeneas erreichten die Troianer Italien.*

Beim Ablativus absolutus bezeichnet das Partizip das Zeitverhältnis des Begleitumstandes zur Haupthandlung:

Sole **oriente** profecti sumus. *Bei Sonnenaufgang brachen wir auf.*
Sole **orto** profecti sumus. *Nach Sonnenaufgang brachen wir auf.*

Statt eines Ablativus absolutus kann auch ein prädikativ gebrauchtes Substantiv oder Adjektiv im Ablativ stehen (nominale Wendungen statt Partizip):

Caesare duce *unter der Führung Cäsars*
amico auctore *auf die Veranlassung des Freundes*
Cicerone consule *unter Ciceros Konsulat*
Tarquinio rege *unter der Herrschaft des Tarquinius*
Hannibale vivo *zu Lebzeiten des Hannibal*
me invito/nobis invitis *gegen meinen/unseren Willen*
matre insciā *ohne Wissen der Mutter*

Auf einen Blick

Das Partizip

Das Partizip richtet sich in Kasus, Numerus und Genus nach seinem Beziehungswort (KNG-Kongruenz). Es kann aktiv oder passiv sein.
Das Partizip kann attributiv verwendet werden: miles **interfectus** *der getötete Soldat*, oder prädikativ: Gaius **neglegens** officii est. *Gaius ist pflichtvergessen.*

Das Participium coniunctum
Ein Partizip, das sich auf einen Satzteil bezieht und in der Regel durch ein Objekt oder ein Adverbiale erweitert ist, nennt man Participium coniunctum (PC).
Caesar orationem **habens** milites excitatus est. *Cäsar, der eine Rede hielt, stachelte die Soldaten an.*
Cenanti mihi epistula reddita est. *Mir, der ich speiste, wurde ein Brief überbracht.*

Die **Sinnrichtung** müssen Sie aus dem Zusammenhang erschließen. Sie kann temporal, kausal, konditional, konzessiv, final oder modal sein. Im Falle der genannten Sätze könnten Sie also übersetzen: *Cäsar stachelte die Soldaten an, indem er eine Rede hielt* und *Mir wurde, während ich speiste, ein Brief überbracht.*

Das PC können Sie durch einen Nebensatz, einen beigeordneten Hauptsatz oder einen präpositionalen Ausdruck übersetzen:
Marcus a domino **vituperatus** labores non confecit. *Obwohl Marcus von seinem Herrn getadelt worden war, führte er die Arbeiten nicht aus* (Nebensatz) oder *Trotz des Tadels durch seinen Herrn ...* (präpositionaler Aus-

druck) oder *Marcus wurde von seinem Herrn getadelt, dennoch führte er ...* (beigeordneter Hauptsatz).

Der Ablativus absolutus

Der Ablativus absolutus ist ein Ablativ mit einem prädikativen Partizip. Wie das PC ist er eine **Satzverkürzung**, die eine adverbiale Bestimmung enthält:

Bello confecto milites castra reliquerunt. = **Postquam bellum confectum est,** milites castra reliquerunt. *Nachdem der Krieg beendet worden war, verließen die Soldaten das Lager.*

⚡ Den Ablativus absolutus kann man in der Übersetzung von der Konstruktion des Satzes lösen. Die Sinnrichtungen sind die gleichen wie beim PC:
Gladiatoribus fortiter **pugnantibus** spectatores ludis delectati non sunt. *Obwohl die Gladiatoren tapfer kämpften, fanden die Zuschauer keinen Gefallen an den Spielen.*
Sole orto signum datum est. *Nachdem die Sonne aufgegangen war, wurde das Zeichen gegeben* oder *Nach Sonnenaufgang wurde das Zeichen gegeben.*
Wie beim Participium coniunctum bezeichnet auch beim Ablativus absolutus das Partizip das Zeitverhältnis des Begleitumstandes zur Haupthandlung:
Luna **oriente** domum revertimus. *Bei Mondaufgang kamen wir zurück nach Hause.*
Luna **orta** domum revertimus. *Nach Mondaufgang kamen wir zurück nach Hause.*

14 Gerund und Gerundiv

„Dieser Ort ist zum Ausruhen geeignet.“

{ *„Hic locus ad requiescendum idoneus est.“* }

Gerund und Gerundiv

Das Lateinische verfügt über zwei sogenannte nd-Formen, das Gerund und das Gerundiv. Das Gerund ist ein Verbalsubstantiv, das Gerundiv ein Verbaladjektiv mit passivischer Bedeutung.

14.1 Das Gerund

Der Infinitiv Präsens Aktiv kann substantiviert verwendet werden, jedoch nur als Subjekt oder Akkusativobjekt (▶ 12.1 und 12.2). Für die anderen Fälle, besonders Genitiv, Akkusativ und Ablativ, sehr selten auch Dativ, werden daher die Gerundformen eingesetzt.

Formen und Gebrauch

Das Gerund kommt nur im Singular vor.

Nom.:	**Natare** me delectat.	*Schwimmen macht mir Spaß.*
Gen.:	Facultas **natandi** hominibus data est.	*Die Fähigkeit zu schwimmen ist den Menschen gegeben.*
Akk.:	Piscis ad **natandum** natus est.	*Der Fisch ist zum Schwimmen geboren.*
Abl.:	**Natando** corpus firmamus.	*Durch das Schwimmen werden wir kräftig.*

Das Gerund im Genitiv steht bei Substantiven als Attribut und bei Adjektiven, die ihre Ergänzung im Genitiv haben (▶ 8.2), sowie nach den Ablativen causā und gratiā *um ... willen*:

ars scribendi *die Kunst zu schreiben/des Schreibens*
cupidus videndi *begierig zu sehen*
loquendi causā *um des Sprechens willen = um zu sprechen*

Das Gerund im Akkusativ steht nur bei Präpositionen, meistens mit **ad** zur Bezeichnung eines Zweckes, besonders bei **natus** *geboren*, **paratus** *bereit*, **aptus/idoneus** *geeignet*, **facilis** *leicht* und **iucundus** *angenehm*:
Hic locus ad requiescendum idoneus est. *Dieser Ort ist zum Ausruhen geeignet.*

Das Gerund im Ablativ steht mit oder ohne Präposition, besonders häufig mit **in** und **de**:

Docendo discimus. *Durch Lehren lernen wir.*
in cogitando *beim Nachdenken*

Das Gerund kann auch mit Adverbien, Adverbialen und Objekten verbunden werden:

ars recte scribendi *die Kunst, richtig zu schreiben*
consilium ex urbe exeundi *der Entschluss, die Stadt zu verlassen*
spes epistulam accipiendi *die Hoffnung, einen Brief zu bekommen*

14.2 Das Gerundiv

Gebrauch

Mit dem Gerundiv wird ausgedrückt, dass etwas getan werden soll oder muss bzw., wenn es verneint ist, dass etwas nicht getan werden darf. Es hat auch bei Deponentien passive Bedeutung:

laudandus *ein zu lobender = einer, der gelobt werden muss*
Victoria admiranda est. *Der Sieg ist bewunderungswürdig.*
Artificium delendum non est. *Das Kunstwerk darf nicht zerstört werden.*

Bei transitiven Verben wird das Gerundiv persönlich konstruiert. Die Person, die etwas tun muss oder nicht darf, steht im Dativ (▶ 9.2):
Victoria nobis celebranda est. *Der Sieg muss von uns gefeiert werden.*

Intransitive Verben bilden eine unpersönliche Konstruktion im Neutrum mit der 3. Person Singular von **esse** *sein*:
Parendum est. *Man muss gehorchen (= Es muss gehorcht werden).*

Achten Sie auf den Sinnzusammenhang:
Vobis parendum est kann sowohl heißen *Ihr müsst gehorchen* (**vobis** = Dativus auctoris) als auch *Es muss euch gehorcht werden* (**vobis** = Dativobjekt).

14.2.1 Attributive Verwendung

Das attributive Gerundiv wird hauptsächlich von transitiven Verben gebildet: **liber legendus** *ein lesenswertes Buch*, **consilium urbis relinquendae** *der Entschluss, die Stadt zu verlassen*.

Im Genitiv und Ablativ kann sowohl das Gerund als auch das Gerundiv verwendet werden.
Bei dieser Konstruktion muss das Gerundiv aktivisch übersetzt werden:

Gerundiv	Gerund	
spes epistulae **accipiendae**	spes epistulam **accipiendi**	*die Hoffnung, einen Brief* ***zu bekommen***
Discimus re **spectandā**.	Discimus rem **spectando.**	*Wir lernen, indem wir die Sache betrachten.*

Attributiv verwendet wird das Gerundiv auch bei präpositionalen Ausdrücken, besonders mit in, de und ad:

In libro **legendo** addormivit. ***Beim Lesen*** *des Buches schlief sie ein.*
Locum idoneum ad animum **reficiendum** quaerimus. *Wir suchen einen geeigneten Ort* ***zur Erholung****.*

14.2.2 Prädikative Verwendung

ⓘ Das Gerundiv bildet häufig zusammen mit einer Form von esse das Prädikat:
Liber tibi **legendus non est**. *Du* ***darfst*** *das Buch* ***nicht lesen****.*

Bei einigen Verben des Übergebens und Überlassens bezeichnet das Gerundiv den Zweck einer Handlung. Dazu gehören: dare *geben*, tradere *übergeben*, mittere *schicken*, suscipere *übernehmen*, committere *anvertrauen*, permittere/concedere *überlassen*, relinquere *zurücklassen* und curare *besorgen lassen*:

Caesar pontem in flumine **faciendum curat**. *Cäsar* ***lässt*** *eine Brücke über den Fluss* ***bauen****.*
Domūs fabris **restituendae** permissae sunt. *Die Häuser wurden den Handwerkern* ***zum Wiederaufbau*** *überlassen.*

Auf einen Blick

Das Gerund

Das Gerund ersetzt den Infinitiv Präsens Aktiv, wenn er im Genitiv, Akkusativ und Ablativ (sehr selten Dativ) verwendet wird.

Cantare Flavium delectat. *Singen macht Flavius Spaß.*
Facultas **cantandi** (Gen.) hominibus data est.
Die Fähigkeit zu singen ist den Menschen gegeben.
Natando (Abl.) corpus firmamus. *Durch Schwimmen werden wir kräftig.*

Das Gerund steht bei Substantiven als Attribut und bei Adjektiven, die ihre Ergänzung im Genitiv haben, sowie nach causā und gratiā *um ... willen* und im Akkusativ mit ad:
Artem **scribendi** discit. *Er lernt die Kunst zu schreiben/ des Schreibens.*
Loquendi causā venio. *Ich komme um des Sprechens willen (= um zu sprechen).*
Hic locus **ad requiescendum** idoneus est. *Dieser Ort ist zum Ausruhen geeignet.*

Das Gerundiv

Das Gerundiv wird verwendet, wenn etwas getan werden soll oder muss bzw. (bei Verneinung) etwas nicht getan werden darf. Die Person, die etwas tun muss oder nicht darf, steht im Dativ.

laudandus *ein zu lobender = einer, der gelobt werden muss*
Oppidum **delendum** non est. *Die Stadt darf nicht zerstört werden.*
Victoria nobis **admiranda** est. *Der Sieg muss von uns bewundert werden.*
Das attributive Gerundiv wird hauptsächlich von transitiven Verben gebildet und steht bei präpositionalen Ausdrücken: consilium urbis **relinquendae** *der Entschluss, die Stadt zu verlassen.*

15 Der Hauptsatz

„Den Tüchtigen hilft das Glück.“

{ *„Fortes fortuna adiuvat.“* }

Der Hauptsatz

ⓘ Hauptsätze sind selbstständige Sätze, die unabhängig von einem anderen Satz stehen können. Man unterscheidet Aussagesätze, Begehrsätze und Fragesätze.

15.1 Der Aussagesatz

ⓘ Es gibt drei Arten von Aussagesätzen: Sie drücken entweder einen wirklichen (realen), möglichen (potentialen) oder unwirklichen (irrealen) Sachverhalt aus.

Reale Aussagesätze stehen im Indikativ:

Puer in aquam cecidit. *Der Junge ist ins Wasser gefallen.*

Potentiale Aussagesätze bezeichnen eine Möglichkeit oder abgemilderte Behauptung. Potentiale Aussagesätze der Gegenwart stehen im Konjunktiv Präsens oder Perfekt (⚡ das Perfekt hat hier keine Vergangenheitsbedeutung), potentiale Aussagesätze der Vergangenheit stehen im Konjunktiv Imperfekt:

dicat (dixerit) aliquis *es könnte jemand sagen*
non affirmaverim *ich möchte nicht behaupten*
crederes *man hätte glauben können*

Irreale Aussagesätze der Gegenwart stehen im Konjunktiv Imperfekt, irreale Aussagesätze der Vergangenheit im Konjunktiv Plusquamperfekt:

Sine feriis vita tristis esset. *Ohne Ferien wäre das Leben traurig.*
Sine te desperavissem. *Ohne dich wäre ich verzweifelt.*

15.2 Der Begehrsatz

Man unterscheidet Begehrsätze, die eine Aufforderung, ein Gebot oder ein Verbot enthalten, und Begehrsätze, die einen (erfüllbaren oder unerfüllbaren) Wunsch enthalten.

Aufforderung, Gebot und Verbot stehen im Konjunktiv Präsens oder Imperativ. Die Verneinung wird mit **ne** gebildet:

Cantemus! *Lasst uns singen! Wir wollen singen!*
Curre! Currite! *Lauf! Lauft!*
Ne desperes! *Verzweifle nicht!*

Ein Verbot steht bei der 3. Person Singular oder Plural im Konjunktiv Präsens, bei der 2. Person Singular oder Plural im Konjunktiv Perfekt oder wird durch **noli/nolite** + Infinitiv Präsens umschrieben:

Taceat! *Er soll schweigen!*
Ne hoc feceris! *Tu das nicht!*
Noli/nolite timere! *Hab/Habt keine Angst!*

Erfüllbare Wunschsätze stehen im Konjunktiv Präsens für die Gegenwart und im Konjunktiv Perfekt für die Vergangenheit. Sie werden oft eingeleitet mit **utinam** *wenn doch, dass doch*. Verneint werden sie mit **ne**:

Quod di bene vertant! *Das mögen die Götter zum Guten lenken!*
Utinam ne frustra dixerim! *Hoffentlich habe ich nicht vergeblich gesprochen!*

Unerfüllbare Wunschsätze stehen im Konjunktiv Imperfekt (Gegenwart) und Plusquamperfekt (Vergangenheit). Sie werden eingeleitet mit utinam und verneint mit ne:

Utinam viveret! *Wenn er doch noch am Leben wäre!*
Utinam ne piger fuisses! *Wenn du doch nicht faul gewesen wärst!*

15.3 Der unabhängige Fragesatz

Bei den unabhängigen (direkten) Fragesätzen unterscheidet man Wortfragen, Satzfragen und Doppelfragen.

Wortfragen werden mit einem Fragewort eingeleitet und beziehen sich nur auf ein einzelnes Wort:

Quem exspectatis? *Auf wen wartet ihr?*
Quando ego vos conveniam? *Wann werde ich euch treffen?*

Satzfragen beziehen sich auf den Inhalt des ganzen Satzes. Sie werden durch die Fragepartikel -ne (Antwort: ja oder nein), nonne (Antwort: ja, doch) oder num (Antwort: nein) eingeleitet:

Apportavit**ne** nuntius epistulas? *Hat der Bote die Briefe gebracht?*
Nonne amicam aegrotam visitavisti? *Hast du die kranke Freundin etwa nicht besucht?*
Num dubitas id facere? *Zögerst du etwa, dies zu tun?*

ⓘ Doppelfragen stellen zwei oder mehr Möglichkeiten zur Wahl:

Utrum manebimus **an** proficiscemur?/Manebimus**ne** **an** proficiscemur? *Bleiben wir oder brechen wir auf?*
Manebimus **an** proficiscemur?/Manebimus **an** non? *Bleiben wir oder nicht?*

16 Der Nebensatz

„Sooft ich an dich denke, bin ich froh.“

{ *„Cum tui recordor, gaudeo.“* }

Der Nebensatz

ℹ Vom übergeordneten Satz, dem Hauptsatz, können ein oder mehrere Nebensätze (Gliedsätze) abhängen.

16.1 Die Zeitenfolge in Nebensätzen

ℹ Je nachdem, welches Zeitverhältnis ausgedrückt werden soll (Gleichzeitigkeit, Vorzeitigkeit oder Nachzeitigkeit), folgt auf das im Hauptsatz verwendete Tempus ein bestimmtes Tempus im Nebensatz.

16.1.1 Der indikativische Nebensatz

Hauptsatz	**Gliedsatz**	
	gleichzeitig	vorzeitig
Präsens	Präsens	Perfekt
Imperfekt, Perfekt, Plusquamperfekt	Imperfekt, Perfekt, Plusquamperfekt	Plusquamperfekt
Futur I	Futur I	Futur II

- Gleichzeitigkeit:

Gaudeo, si venis. *Ich freue mich, wenn du kommst.*
Gavisus sum, si venisti. *Ich freute mich, wenn du kamst.*
Gaudebo, si venies. *Ich werde mich freuen, wenn du kommen wirst.*

- Vorzeitigkeit:

Dormio, cum edi. *Ich schlafe, wenn ich gegessen habe.*
Dormiebam, cum ederam. *Ich schlief, wenn ich gegessen hatte.*
Dormiam, cum edero. *Ich werde schlafen, wenn ich gegessen haben werde (= gegessen habe).*

16.1.2 Der konjunktivische Nebensatz

Hauptsatz	**Nebensatz** gleichzeitig	vorzeitig	nachzeitig
Präsens, Futur	Präsens	Perfekt	-urus sim
Imperfekt, Perfekt, Plusquamperfekt	Imperfekt	Plusquamperfekt	-urus essem

- Gleichzeitigkeit:

Rogo te, quid agas. *Ich frage dich, was du tust.*
Rogabam te, quid ageres. *Ich fragte dich, was du tatest.*

- Vorzeitigkeit:

Rogabo te, quid egeris. *Ich werde dich fragen, was du getan hast.*
Rogavi te, quid egisses. *Ich habe dich gefragt, was du getan hattest.*

- Nachzeitigkeit:

Rogabo te, quid acturus sis. *Ich werde dich fragen, was du tun wirst.*
Rogaveram te, quid acturus esses. *Ich hatte dich gefragt, was du tun würdest.*

16.2 Der abhängige Fragesatz

ℹ Abhängige (indirekte) Fragesätze sind Nebensätze, die eine Frage enthalten. Sie sind abhängig von Verben des Fragens, Sagens, etc. und stehen immer im Konjunktiv. Abhängige Wortfragen werden durch Fragepronomen oder Frageadverbien eingeleitet:

Interrogas, quid *Du fragst, was*	→	faciam. *ich mache.* fecerim. *ich gemacht habe.* facturus sim. *ich machen werde.*
Sciebam, cur id *Ich wusste, warum*	→	ageret. *er das tat.* egisset. *er das getan hatte.* acturus esset. *er das tun würde.*

Abhängige Satzfragen werden durch -ne oder num *ob* (*nicht*), an *ob nicht*, an non *ob* und si *ob* (*nicht*) eingeleitet:

Iudex me interrogavit, latrones**ne** vidissem. *Der Richter fragte mich, ob ich die Räuber (nicht) gesehen hätte.*
Captivi conabantur, **si** effugere possent. *Die Gefangenen versuchten, ob sie (nicht) fliehen könnten.*
Dubito, **an** venias. *Ich zweifle, ob du kommst.*

⚡ Steht dubitare *zweifeln* mit non, muss die Konjunktion quin verwendet werden:
Non dubito, **quin** verum dicas. *Ich bezweifle* ***nicht, dass*** *du die Wahrheit sagst.*

Abhängige Doppelfragen leiten das zweite Glied mit an *oder* ein. Beim ersten Glied kann utrum oder -ne stehen:
Considerate, (**utrum**) facta(**ne**) **an** dicta pluris sint.
Überlegt, ob Taten oder Worte mehr wert sind.

16.3 Der Konditionalsatz

ℹ Ein konditionales Satzgefüge besteht aus dem bedingenden Nebensatz (eingeleitet mit *wenn*) und dem bedingten Hauptsatz, der die Folge enthält. Es gibt drei Möglichkeiten, das Verhältnis zur Wirklichkeit auszudrücken: Realis, Potentialis und Irrealis.

- Realis: Bedingung und Folgerung werden als wirklich dargestellt. Es steht der Indikativ:

Si hoc dicis, erras. *Wenn du das sagst, irrst du dich.*
Si hoc dixisti, erravisti. *Wenn du das gesagt hast, hast du dich geirrt.*
Si hoc dices, errabis. *Wenn du das sagen wirst (= sagst), wirst du dich irren.*

- Potentialis: Bedingung und Folgerung werden als möglich dargestellt. Es steht der Konjunktiv Präsens oder Perfekt.
  ⚡ Das Perfekt hat hier keine Vergangenheitsbedeutung.

Si hoc dicas, erres./ *Wenn du das sagen solltest,*
Si hoc dixeris, erraveris. *dürftest du wohl irren.*

- Irrealis: Bedingung und Folgerung werden ausdrücklich als unwirklich dargestellt. Beim Irrealis der Gegenwart steht der Konjunktiv Imperfekt, beim Irrealis der Vergangenheit der Konjunktiv Plusquamperfekt:

Si hoc diceres, errares. *Wenn du das sagen würdest, würdest du dich irren.*
Si hoc dixisses, erravisses. *Wenn du das gesagt hättest, hättest du dich geirrt.*

16.4 Der Relativsatz

ⓘ Relativsätze werden mit Relativpronomen, Adjektiven (z. B. quantus *wie groß*, qualis *wie beschaffen*) und Adverbien (z. B. ubi *wo*, quā *wo*, quo *wohin*) eingeleitet. Sie erläutern ein Nomen des übergeordneten Satzes.
💡 Das Relativpronomen richtet sich in Genus und Numerus nach seinem Bezugswort im übergeordneten Satz, im Kasus nach seiner Funktion als Satzteil im Relativsatz:

Puer, qui in foro stat, flet. *Der Junge, der auf dem Forum steht, weint.*
Fabulae, quas mater narrat, pulchrae sunt. *Die Geschichten, die die Mutter erzählt, sind schön.*

Relativsätze, die eine Tatsache oder verallgemeinernde Relativpronomen enthalten, stehen im Indikativ:

In urbe domūs aedificantur, quae altissimae sunt. *In der Stadt werden Häuser gebaut, die sehr hoch sind.*

Relativsätze können einen finalen (Zweck), konsekutiven (Folge), kausalen (Grund) oder konzessiven (Einräumung) Nebensinn haben. Das Verb steht im Konjunktiv:

Cicero nuntium misit, qui haec diceret. *Cicero schickte einen Boten, der Folgendes sagen sollte* (final).

Im relativen Satzanschluss leitet statt eines Demonstrativpronomens ein Relativpronomen den Hauptsatz ein:

Quis ignoret Neronem?	*Wer kennt Nero nicht?*
Qui incendium Romae excitasse dicitur.	*Er soll den Brand Roms angestiftet haben.*
Quā de re populus Romanus iratus erat.	*Darüber war das römische Volk wütend.*

Im verschränkten Relativsatz kann das Relativpronomen mit anderen Konstruktionen, die im Relativsatz stehen (z. B. AcI), eine enge Verbindung bzw. Verschränkung eingehen, die man im Deutschen auflösen muss:

Iis fidem habemus, quos plus intellegere quam nos arbitramur.	*Wir vertrauen denen, von denen wir glauben, dass sie (= die, wie wir glauben,) klüger sind als wir.*

16.5 Der Adverbialsatz

Enthält ein Nebensatz ein Adverbial, also eine Umstandsbestimmung zum Hauptsatz, oder drückt er eine bestimmte Sinnrichtung aus, nennt man ihn Adverbialsatz. Adverbialsätze können Angaben über den Ort, die Art und Weise, den Grund, die Folge, die Absicht oder eine Einräumung, einen Gegensatz, eine Bedingung oder einen Vergleich enthalten.

- Der Finalsatz drückt ein Begehren oder einen Zweck aus. Er steht immer mit dem Konjunktiv.

ut *dass, damit, um zu*	Opto, **ut** venias. *Ich wünsche, **dass** du kommst.* Edo, **ut** vivam. *Ich esse **um zu** leben.*
(nach den Verben des Fürchtens: *dass nicht*)	Timeo, **ut** veniat. *Ich fürchte, **dass** er **nicht** kommt.*
ne *dass nicht, damit nicht*	Oro te, **ne** abeas. *Ich bitte dich, nicht wegzugehen.*
(nach den Verben des Fürchtens: *dass*)	Timeo, **ne** veniat. *Ich fürchte, **dass** er kommt.*
ne/quominus *dass* (nach den Verben des Hinderns)	Impedio, **ne/quominus** fugiat. *Ich hindere ihn zu fliehen.*
quo/ut eo *damit umso* (vor Komparativ)	Magister exempla narrabat, **quo** facilius discipuli rem intellegerent. *Der Lehrer erzählte Beispiele, **damit** die Schüler die Sache **umso** leichter begriffen.*

- Der Konsekutivsatz bezeichnet eine Folge. Auch er steht immer mit dem Konjunktiv.

ut *dass, so dass*	Nemo tam prudens est, **ut** omnia sciat. *Niemand ist so klug,* ***dass*** *er alles weiß.*
ut non *dass nicht*	Nemo tam prudens est, **ut** falli **non** possit. *Niemand ist so klug,* ***dass*** *er* ***nicht*** *getäuscht werden könnte.*
quin *dass nicht* (nach verneintem Hauptsatz)	Non tam difficile est, **quin** conari possis. *Nichts ist so schwer,* ***dass*** *du es* ***nicht*** *versuchen könntest.*

- Im Temporalsatz geht es immer um ein Zeitverhältnis. Je nach Konjunktion steht der Indikativ oder der Konjunktiv.

cum mit Konj. (cum historicum) *als*	**Cum** domum irem, sol occidit. ***Als*** *ich nach Hause ging, ging die Sonne unter.*
cum mit Ind. (cum relativum) *(damals) als*	**Cum** Caesar in Galliam venit, duae factiones ibi erant. ***Als*** *Caesar nach Gallien kam, gab es dort zwei Parteien.*
cum mit Ind. (cum iterativum) *sooft, jedes Mal wenn*	**Cum** tui memineram, gaudebam. ***Jedes Mal, wenn*** *ich an dich dachte, freute ich mich.*
cum mit Ind. (cum inversivum) *als, da*	Vix epistulam amici legeram, **cum** ipse venit. *Kaum hatte ich den Brief des Freundes gelesen,* ***da*** *kam er selbst.*

dum mit Ind. Präs. *während*	**Dum** Troiani dormiunt, urbs a Graecis incensa est. ***Während*** *die Troianer schliefen, wurde die Stadt von den Griechen angezündet.*
dum/donec/quoad/ quamdiu mit Ind. *solange (als)*	**Donec** eris felix, multos numerabis amicos. ***Solange*** *du glücklich bist, wirst du viele Freunde haben.*
dum/donec/quoad mit Ind. oder Konj. *solange (bis)*	Magnus clamor erat, **quoad** magistra vēnit. *Es herrschte lautes Geschrei,* ***bis*** *die Lehrerin kam.*
antequam, priusquam mit Ind. oder Konj. *bevor*	**Priusquam** profectus sum, librum legi. ***Bevor*** *ich aufbrach, las ich ein Buch.*
cum/ubi/ut (primum), simul(-ac/-atque) mit Ind. Perf. *sobald als*	**Ubi** primum me conspexit, laeta me salutavit. ***Sobald*** *sie mich sah, begrüßte sie mich freudig.*
postquam mit Ind. Perf. *nachdem*	**Postquam** librum legi, cubitum ii. ***Nachdem*** *ich das Buch gelesen hatte, ging ich schlafen.*

- Der Kausalsatz gibt eine Begründung oder Ursache an.

quod/quia/quoniam mit Ind. (bei objektivem Grund) *weil*	A te auxilium peto, **quia** calamitate oppressus sum. *Ich suche Hilfe bei dir,* ***weil*** *ich von Unglück bedrängt bin.*
mit Konj. (bei subjektivem Grund) *weil, weil ja, da ja*	Caesar queritur, **quod** destitutus sit. *Cäsar beklagt sich,* ***weil*** *er getäuscht worden sei.*
cum mit Konj. (cum causale) *da, weil*	**Cum** peritus sis, me adiuvare potes. ***Da*** *du Erfahrung hast, kannst du mir helfen.*

- Im Konditionalsatz wird eine Bedingung ausgedrückt.

si mit Ind. oder Konj. *wenn*	**Si** hoc putes, erres. ***Wenn*** *du das glauben solltest, irrst du wohl.*
nisi mit Ind. oder Konj. *wenn nicht*	**Nisi** adiuvisses, tristis fuissem. ***Wenn*** *du* ***nicht*** *geholfen hättest, wäre ich traurig gewesen.*
quodsi mit Ind. oder Konj. *wenn aber*	**Quodsi** larvas esse credas, erres. ***Wenn*** *du* ***aber*** *glaubst, dass es Gespenster gibt, irrst du dich.*
dum, dummodo, modo mit Konj. *wenn nur, wenn bloß*	Oderint, **dum** metuant! *Sie sollen (mich) ruhig hassen,* ***wenn*** *sie* ***nur*** *(vor mir) Angst haben!*
tamquam/quasi/ velut si/ac si mit Konj. *als ob, wie wenn*	Loqueris de hac re, **quasi** expertus sis. *Du sprichst von dieser Sache,* ***als*** *verstündest du etwas davon.*

- Mit dem Konzessivsatz wird eine Einräumung oder ein Zugeständnis angegeben.

quamquam mit Ind. *obwohl, obgleich*	**Quamquam** sero est, domum ire non volo. ***Obwohl*** *es spät ist, will ich nicht nach Hause gehen.*
etsi, etiamsi, tametsi mit Ind. oder Konj. *wenn auch*	**Etsi** me offendisti, tibi ignosco. ***Wenn*** *du mich* ***auch*** *beleidigt hast, verzeihe ich dir.*
cum mit Konj. (cum concessivum) *obwohl*	Socrates **cum** fugere posset, noluit. ***Obwohl*** *Sokrates hätte fliehen können, wollte er es nicht.*

- Der Adversativsatz drückt einen Gegensatz aus.

cum mit Konj. (cum adversativum) *während, wohingegen*	Alter sedulus est, **cum** alter pigerrimus sit. *Der eine ist fleißig,* ***während*** *der andere sehr faul ist.*

Auf einen Blick

Die Zeitenfolge in Nebensätzen

Je nachdem, welches Zeitverhältnis ausgedrückt werden soll, folgt auf das im Hauptsatz verwendete Tempus ein bestimmtes Tempus im Nebensatz. In konjunktivischen Nebensätzen kann zudem Nachzeitigkeit auftreten:

Gleichzeitigkeit:
Gaudeo, si **venis.** *Ich freue mich, wenn du kommst.*
Rogabam te, quid **ageres.** *Ich fragte dich, was du tatest.*
Vorzeitigkeit:
Dormiebam, cum **ederam.** *Ich schlief, wenn ich gegessen hatte.*
Rogavi te, quid **egisses.** *Ich habe dich gefragt, was du getan hattest.*
Rogaveram te, quid **acturus esses.** *Ich hatte dich gefragt, was du tun würdest.*

Der abhängige Fragesatz

Abhängige (indirekte) Fragesätze enthalten eine Frage. Sie sind abhängig von Verben des Fragens, Sagens, Wissens und Denkens und stehen immer im Konjunktiv.
Rogas, quid **fecerim.** *Du fragst, was ich gemacht habe.*
Sciebam, cur id **acturus esset.** *Ich wusste, warum er das tun würde.*

Abhängige Satzfragen beginnen mit -ne oder num *ob, ob nicht*, an *ob nicht*, an non *ob* und si *ob, ob nicht*:
Me interrogavit, dominamne vidissem. *Er fragte mich, ob ich die Herrin (nicht) gesehen hätte.*
Non scio, an recte hoc faciam. *Ich weiß nicht, ob ich das richtig mache.*

Der Konditionalsatz

Konditionalsätze bestehen aus einem Nebensatz („wenn") und dem Hauptsatz, der die Folge enthält. Es gibt drei Möglichkeiten, das Verhältnis zur Wirklichkeit auszudrücken: den Realis, den Potentialis und den Irrealis.

- Beim **Realis** (Darstellung eines wirklichen Ereignisses) steht der Indikativ in allen Zeiten: Si hoc **facis, prudenter agis.** *Wenn du das tust, handelst du klug.*
- Beim **Potentialis** (Darstellung eines möglichen Ereignisses) steht der Konjunktiv Präsens oder Perfekt: Si hoc **facias, prudenter agas.** *Wenn du das tun solltest, wirst du wohl klug handeln.*
- Beim **Irrealis** (Darstellung eines unwirklichen Ereignisses) steht in Haupt- und Nebensatz der Konjunktiv Imperfekt (Irrealis der Gegenwart) oder der Konjunktiv Plusquamperfekt (Irrealis der Vergangenheit): Si hoc **faceres, prudenter ageres.** *Wenn du das tun würdest, hättest du klug gehandelt.* Si hoc **fecisses, prudenter egisses.** *Wenn du das getan hättest, hättest du klug gehandelt.*

Der Relativsatz

Relativsätze werden meist mit Relativpronomen eingeleitet. Das Relativpronomen richtet sich in Genus und Numerus nach seinem Beziehungswort im übergeordneten Satz, im Kasus aber nach seiner Funktion als Satzteil des Relativsatzes.

Puer, **qui** apud statuam stat, flet. *Der Junge, der an der Statue steht, weint.*
Sed pueri, **quos** ibi vides, contenti esse videntur. *Aber die Jungen, die du dort siehst, scheinen zufrieden zu sein.*

1 superare *besiegen*

Regelmäßiges Verb der a-Konjugation; Aktiv

Präsensstamm

Indikativ Präsens
super**o**
super**as**
super**at**
super**amus**
super**atis**
super**ant**

Indikativ Imperfekt
supera**bam**
supera**bas**
supera**bat**
supera**bamus**
supera**batis**
supera**bant**

Futur I
supera**bo**
supera**bis**
supera**bit**
supera**bimus**
supera**bitis**
supera**bunt**

Konjunktiv Präsens
super**em**
super**es**
super**et**
super**emus**
super**etis**
super**ent**

Konjunktiv Imperfekt
supera**rem**
supera**res**
supera**ret**
supera**remus**
supera**retis**
supera**rent**

Perfektstamm

Indikativ Perfekt
supera**vi**
supera**visti**
supera**vit**
supera**vimus**
supera**vistis**
supera**verunt**

Indikativ Plusquamperfekt
supera**veram**
supera**veras**
supera**verat**
supera**veramus**
supera**veratis**
supera**verant**

Futur II
supera**vero**
supera**veris**
supera**verit**
supera**verimus**
supera**veritis**
supera**verint**

Konjunktiv Perfekt
supera**verim**
supera**veris**
supera**verit**
supera**verimus**
supera**veritis**
supera**verint**

Konjunktiv Plusquamperfekt
supera**vissem**
supera**visses**
supera**visset**
supera**vissemus**
supera**vissetis**
supera**vissent**

Nominalformen

Infinitiv Perfekt
supera**visse**

Infinitiv Futur
supera**turum, -am, -um esse**

Partizip Präsens
supera**ns**
supera**ntis**

Partizip Futur
supera**turus, -a, -um**

Gerund
supera**ndi**
(ad) supera**ndum**
supera**ndo**

Supin
supera**tum**
supera**tu**

Imperativ

Imperativ I
supera
supera**te**

Imperativ II
supera**to**
supera**to**
supera**tote**
supera**nto**

superari *besiegt werden*

Regelmäßiges Verb der a-Konjugation; Passiv

Präsensstamm

Indikativ Präsens

super**or**
supera**ris**
supera**tur**
supera**mur**
supera**mini**
supera**ntur**

Indikativ Imperfekt

supera**bar**
supera**baris**
supera**batur**
supera**bamur**
supera**bamini**
supera**bantur**

Futur I

supera**bor**
supera**beris**
supera**bitur**
supera**bimur**
supera**bimini**
supera**buntur**

Konjunktiv Präsens

super**er**
super**eris**
super**etur**
super**emur**
super**emini**
super**entur**

Konjunktiv Imperfekt

supera**rer**
supera**reris**
supera**retur**
supera**remur**
supera**remini**
supera**rentur**

Perfektstamm

Indikativ Perfekt

supera**tus, -a, -um sum**
supera**tus, -a, -um es**
supera**tus, -a, -um est**
supera**ti, -ae, -a sumus**
supera**ti, -ae, -a estis**
supera**ti, -ae, -a sunt**

Indikativ Plusquamperfekt

supera**tus, -a, -um eram**
supera**tus, -a, -um eras**
supera**tus, -a, -um erat**
supera**ti, -ae, -a eramus**
supera**ti, -ae, -a eratis**
supera**ti, -ae, -a erant**

Futur II

supera**tus, -a, -um ero**
supera**tus, -a, -um eris**
supera**tus, -a, -um erit**
supera**ti, -ae, -a erimus**
supera**ti, -ae, -a eritis**
supera**ti, -ae, -a erunt**

Konjunktiv Perfekt

supera**tus, -a, -um sim**
supera**tus, -a, -um sis**
supera**tus, -a, -um sit**
supera**ti, -ae, -a simus**
supera**ti, -ae, -a sitis**
supera**ti, -ae, -a sint**

Konjunktiv Plusquamperfekt

supera**tus, -a, -um essem**
supera**tus, -a, -um esses**
supera**tus, -a, -um esset**
supera**ti, -ae, -a essemus**
supera**ti, -ae, -a essetis**
supera**ti, -ae, -a essent**

Nominalformen

Infinitiv Perfekt

supera**tum, -am, -um esse**

Partizip Perfekt

supera**tus, -a, -um**

Gerundiv

supera**ndus, -a, -um**

3 terrere *erschrecken*

Regelmäßiges Verb der e-Konjugation; Aktiv

Präsensstamm

Indikativ Präsens
terre**o**
terre**s**
terre**t**
terre**mus**
terre**tis**
terre**nt**

Indikativ Imperfekt
terre**bam**
terre**bas**
terre**bat**
terre**bamus**
terre**batis**
terre**bant**

Futur I
terre**bo**
terre**bis**
terre**bit**
terre**bimus**
terre**bitis**
terre**bunt**

Konjunktiv Präsens
terre**am**
terre**as**
terre**at**
terre**amus**
terre**atis**
terre**ant**

Konjunktiv Imperfekt
terre**rem**
terre**res**
terre**ret**
terre**remus**
terre**retis**
terre**rent**

Perfektstamm

Indikativ Perfekt
terr**ui**
terr**uisti**
terr**uit**
terr**uimus**
terr**uistis**
terr**uerunt**

Indikativ Plusquamperfekt
terr**ueram**
terr**ueras**
terr**uerat**
terr**ueramus**
terr**ueratis**
terr**uerant**

Futur II
terr**uero**
terr**ueris**
terr**uerit**
terr**uerimus**
terr**ueritis**
terr**uerint**

Konjunktiv Perfekt
terr**uerim**
terr**ueris**
terr**uerit**
terr**uerimus**
terr**ueritis**
terr**uerint**

Konjunktiv Plusquamperfekt
terr**uissem**
terr**uisses**
terr**uisset**
terr**uissemus**
terr**uissetis**
terr**uissent**

Nominalformen

Infinitiv Perfekt
terr**uisse**

Infinitiv Futur
terr**iturum, -am, -um esse**

Partizip Präsens
terre**ns**
terre**ntis**

Partizip Futur
terr**iturus, -a, -um**

Gerund
terre**ndi**
(ad) terre**ndum**
terre**ndo**

Supin
terr**itum**
terr**itu**

Imperativ

Imperativ I
terre
terre**te**

Imperativ II
terre**to**
terre**to**
terre**tote**
terre**nto**

terreri *erschreckt werden*

Regelmäßiges Verb der e-Konjugation; Passiv

Präsensstamm

Indikativ Präsens

terre**or**
terre**ris**
terre**tur**
terre**mur**
terre**mini**
terre**ntur**

Indikativ Imperfekt

terre**bar**
terre**baris**
terre**batur**
terre**bamur**
terre**bamini**
terre**bantur**

Futur I

terre**bor**
terre**beris**
terre**bitur**
terre**bimur**
terre**bimini**
terre**buntur**

Konjunktiv Präsens

terre**ar**
terre**aris**
terre**atur**
terre**amur**
terre**amini**
terre**antur**

Konjunktiv Imperfekt

terre**rer**
terre**reris**
terre**retur**
terre**remur**
terre**remini**
terre**rentur**

Perfektstamm

Indikativ Perfekt

terr**itus, -a, -um sum**
terr**itus, -a, -um es**
terr**itus, -a, -um est**
terr**iti, -ae, -a sumus**
terr**iti, -ae, -a estis**
terr**iti, -ae, -a sunt**

Indikativ Plusquamperfekt

terr**itus, -a, -um eram**
terr**itus, -a, -um eras**
terr**itus, -a, -um erat**
terr**iti, -ae, -a eramus**
terr**iti, -ae, -a eratis**
terr**iti, -ae, -a erant**

Futur II

terr**itus, -a, -um ero**
terr**itus, -a, -um eris**
terr**itus, -a, -um erit**
terr**iti, -ae, -a erimus**
terr**iti, -ae, -a eritis**
terr**iti, -ae, -a erunt**

Konjunktiv Perfekt

terr**itus, -a, -um sim**
terr**itus, -a, -um sis**
terr**itus, -a, -um sit**
terr**iti, -ae, -a simus**
terr**iti, -ae, -a sitis**
terr**iti, -ae, -a sint**

Konjunktiv Plusquamperfekt

terr**itus, -a, -um essem**
terr**itus, -a, -um esses**
terr**itus, -a, -um esset**
terr**iti, -ae, -a essemus**
terr**iti, -ae, -a essetis**
terr**iti, -ae, -a essent**

Nominalformen

Infinitiv Perfekt

terr**itum, -am, -um esse**

Partizip Perfekt

terr**itus, -a, -um**

Gerundiv

terre**ndus, -a, -um**

5 petere *erstreben*

Regelmäßiges Verb der konsonantischen Konjugation; Aktiv

Präsensstamm

Indikativ Präsens
peto
petis
petit
petimus
petitis
petunt

Indikativ Imperfekt
petebam
petebas
petebat
petebamus
petebatis
petebant

Futur I
petam
petes
petet
petemus
petetis
petent

Konjunktiv Präsens
petam
petas
petat
petamus
petatis
petant

Konjunktiv Imperfekt
peterem
peteres
peteret
peteremus
peteretis
peterent

Perfektstamm

Indikativ Perfekt
petivi
petivisti
petivit
petivimus
petivistis
petiverunt

Indikativ Plusquamperfekt
petiveram
petiveras
petiverat
petiveramus
petiveratis
petiverant

Futur II
petivero
petiveris
petiverit
petiverimus
petiveritis
petiverint

Konjunktiv Perfekt
petiverim
petiveris
petiverit
petiverimus
petiveritis
petiverint

Konjunktiv Plusquamperfekt
petivissem
petivisses
petivisset
petivissemus
petivissetis
petivissent

Nominalformen

Infinitiv Perfekt
petivisse

Infinitiv Futur
petiturum, -am, -um esse

Partizip Präsens
petens
petentis

Partizip Futur
petiturus, -a, -um

Gerund
petendi
(ad) petendum
petendo

Supin
petitum
petitu

Imperativ

Imperativ I	Imperativ II
pete	petito
petite	petito
	petitote
	petunto

peti *erstrebt werden*

Regelmäßiges Verb der konsonantischen Konjugation; Passiv

Präsensstamm

Indikativ Präsens
petor
peteris
petitur
petimur
petimini
petuntur

Indikativ Imperfekt
petebar
petebaris
petebatur
petebamur
petebamini
petebantur

Futur I
petar
petēris
petetur
petemur
petemini
petentur

Konjunktiv Präsens
petar
petāris
petatur
petamur
petamini
petantur

Konjunktiv Imperfekt
peterer
peterēris
peteretur
peteremur
peteremini
peterentur

Perfektstamm

Indikativ Perfekt
petitus, -a, -um sum
petitus, -a, -um es
petitus, -a, -um est
petiti, -ae, -a sumus
petiti, -ae, -a estis
petiti, -ae, -a sunt

Indikativ Plusquamperfekt
petitus, -a, -um eram
petitus, -a, -um eras
petitus, -a, -um erat
petiti, -ae, -a eramus
petiti, -ae, -a eratis
petiti, -ae, -a erant

Futur II
petitus, -a, -um ero
petitus, -a, -um eris
petitus, -a, -um erit
petiti, -ae, -a erimus
petiti, -ae, -a eritis
petiti, -ae, -a erunt

Konjunktiv Perfekt
petitus, -a, -um sim
petitus, -a, -um sis
petitus, -a, -um sit
petiti, -ae, -a simus
petiti, -ae, -a sitis
petiti, -ae, -a sint

Konjunktiv Plusquamperfekt
petitus, -a, -um essem
petitus, -a, -um esses
petitus, -a, -um esset
petiti, -ae, -a essemus
petiti, -ae, -a essetis
petiti, -ae, -a essent

Nominalformen

Infinitiv Perfekt
petitum, -am, -um esse

Partizip Perfekt
petitus, -a, -um

Gerundiv
petendus, -a, -um

7 afficere *versehen (mit)*

Regelmäßiges Verb der kurzvokalischen i-Konjugation; Aktiv

Präsensstamm

Indikativ Präsens
afficio
afficis
afficit
afficimus
afficitis
afficiunt

Indikativ Imperfekt
afficiebam
afficiebas
afficiebat
afficiebamus
afficiebatis
afficiebant

Futur I
afficiam
afficies
afficiet
afficiemus
afficietis
afficient

Konjunktiv Präsens
afficiam
afficias
afficiat
afficiamus
afficiatis
afficiant

Konjunktiv Imperfekt
afficerem
afficeres
afficeret
afficeremus
afficeretis
afficerent

Perfektstamm

Indikativ Perfekt
affeci
affecisti
affecit
affecimus
affecistis
affecerunt

Indikativ Plusquamperfekt
affeceram
affeceras
affecerat
affeceramus
affeceratis
affecerant

Futur II
affecero
affeceris
affecerit
affecerimus
affeceritis
affecerint

Konjunktiv Perfekt
affecerim
affeceris
affecerit
affecerimus
affeceritis
affecerint

Konjunktiv Plusquamperfekt
affecissem
affecisses
affecisset
affecissemus
affecissetis
affecissent

Nominalformen

Infinitiv Perfekt
affecisse

Infinitiv Futur
affecturum, -am, -um esse

Partizip Präsens
afficiens
afficientis

Partizip Futur
affecturus, -a, -um

Gerund
afficiendi
(ad) afficiendum
afficiendo

Supin
affectum
affectu

Imperativ

Imperativ I	Imperativ II
affice	afficito
afficite	afficito
	afficitote
	afficiunto

affici *versehen werden (mit)*

Regelmäßiges Verb der kurzvokalischen i-Konjugation; Passiv

Präsensstamm

Indikativ Präsens

afficior
afficeris
afficitur
afficimur
afficimini
afficiuntur

Indikativ Imperfekt

afficiebar
afficiebaris
afficiebatur
afficiebamur
afficiebamini
afficiebantur

Futur I

afficiar
afficiēris
afficietur
afficiemur
afficiemini
afficientur

Konjunktiv Präsens

afficiar
afficiāris
afficiatur
afficiamur
afficiamini
afficiantur

Konjunktiv Imperfekt

afficerer
afficerēris
afficeretur
afficeremur
afficeremini
afficerentur

Perfektstamm

Indikativ Perfekt

affectus, -a, -um sum
affectus, -a, -um es
affectus, -a, -um est
affecti, -ae, -a sumus
affecti, -ae, -a estis
affecti, -ae, -a sunt

Indikativ Plusquamperfekt

affectus, -a, -um eram
affectus, -a, -um eras
affectus, -a, -um erat
affecti, -ae, -a eramus
affecti, -ae, -a eratis
affecti, -ae, -a erant

Futur II

affectus, -a, -um ero
affectus, -a, -um eris
affectus, -a, -um erit
affecti, -ae, -a erimus
affecti, -ae, -a eritis
affecti, -ae, -a erunt

Konjunktiv Perfekt

affectus, -a, -um sim
affectus, -a, -um sis
affectus, -a, -um sit
affecti, -ae, -a simus
affecti, -ae, -a sitis
affecti, -ae, -a sint

Konjunktiv Plusquamperfekt

affectus, -a, -um essem
affectus, -a, -um esses
affectus, -a, -um esset
affecti, -ae, -a essemus
affecti, -ae, -a essetis
affecti, -ae, -a essent

Nominalformen

Infinitiv Perfekt

affectum, -am, -um esse

Partizip Perfekt

affectus, -a, -um

Gerundiv

afficiendus, -a, -um

9 finire *beenden*

Regelmäßiges Verb der i-Konjugation; Aktiv

Präsensstamm

Indikativ Präsens
finio
finis
finit
finimus
finitis
finiunt

Indikativ Imperfekt
finiebam
finiebas
finiebat
finiebamus
finiebatis
finiebant

Futur I
finiam
finies
finiet
finiemus
finietis
finient

Konjunktiv Präsens
finiam
finias
finiat
finiamus
finiatis
finiant

Konjunktiv Imperfekt
finirem
finires
finiret
finiremus
finiretis
finirent

Perfektstamm

Indikativ Perfekt
finivi
finivisti
finivit
finivimus
finivistis
finiverunt

Indikativ Plusquamperfekt
finiveram
finiveras
finiverat
finiveramus
finiveratis
finiverant

Futur II
finivero
finiveris
finiverit
finiverimus
finiveritis
finiverint

Konjunktiv Perfekt
finiverim
finiveris
finiverit
finiverimus
finiveritis
finiverint

Konjunktiv Plusquamperfekt
finivissem
finivisses
finivisset
finivissemus
finivissetis
finivissent

Nominalformen

Infinitiv Perfekt
finivisse

Infinitiv Futur
finiturum, -am, -um esse

Partizip Präsens
finiens
finientis

Partizip Futur
finiturus, -a, -um

Gerund
finiendi
(ad) finiendum
finiendo

Supin
finitum
finitu

Imperativ

Imperativ I
fini
finite

Imperativ II
finito
finito
finitote
finiunto

finiri *beendet werden*

Regelmäßiges Verb der i-Konjugation; Passiv

Präsensstamm

Indikativ Präsens
fini**or**
fini**ris**
fini**tur**
fini**mur**
fini**mini**
fini**untur**

Indikativ Imperfekt
fini**ebar**
fini**ebaris**
fini**ebatur**
fini**ebamur**
fini**ebamini**
fini**ebantur**

Futur I
fini**ar**
fini**eris**
fini**etur**
fini**emur**
fini**emini**
fini**entur**

Konjunktiv Präsens
fini**ar**
fini**aris**
fini**atur**
fini**amur**
fini**amini**
fini**antur**

Konjunktiv Imperfekt
fini**rer**
fini**reris**
fini**retur**
fini**remur**
fini**remini**
fini**rentur**

Perfektstamm

Indikativ Perfekt
fini**tus, -a, -um sum**
fini**tus, -a, -um es**
fini**tus, -a, -um est**
fini**ti, -ae, -a sumus**
fini**ti, -ae, -a estis**
fini**ti, -ae, -a sunt**

Indikativ Plusquamperfekt
fini**tus, -a, -um eram**
fini**tus, -a, -um eras**
fini**tus, -a, -um erat**
fini**ti, -ae, -a eramus**
fini**ti, -ae, -a eratis**
fini**ti, -ae, -a erant**

Futur II
fini**tus, -a, -um ero**
fini**tus, -a, -um eris**
fini**tus, -a, -um erit**
fini**ti, -ae, -a erimus**
fini**ti, -ae, -a eritis**
fini**ti, -ae, -a erunt**

Konjunktiv Perfekt
fini**tus, -a, -um sim**
fini**tus, -a, -um sis**
fini**tus, -a, -um sit**
fini**ti, -ae, -a simus**
fini**ti, -ae, -a sitis**
fini**ti, -ae, -a sint**

Konjunktiv Plusquamperfekt
fini**tus, -a, -um essem**
fini**tus, -a, -um esses**
fini**tus, -a, -um esset**
fini**ti, -ae, -a essemus**
fini**ti, -ae, -a essetis**
fini**ti, -ae, -a essent**

Nominalformen

Infinitiv Perfekt
fini**tum, -am, -um esse**

Partizip Perfekt
fini**tus, -a, -um**

Gerundiv
fini**endus, -a, -um**

Tests

1 Das Substantiv

Bilden Sie den Singular bzw. den Plural der folgenden Substantive und benennen Sie die Deklination, zu der sie gehören.

a. vitam ....

b. deos ....

c. maria ....

d. civium ....

e. rerum ....

f. consulibus ....

g. domui ....

h. turrim ....

2 Das Adjektiv

Verbinden Sie die folgenden Adjektive mit der richtigen Formenbestimmung. Ergänzen Sie dann jeweils den Nominativ Singular.

a. pulchri	Dat./Abl. Sg. m./f./n.	....
b. falsorum	Akk. Sg. m./f.	....
c. illustri	Gen. Sg. m./n./Nom. Pl. m.	....
d. felicem	Nom./Akk. Pl. n.	....
e. brevia	Dat./Abl. Pl. m./f./n.	....
f. celeribus	Gen. Pl. m./n.	....

3 Das Adverb

Bilden Sie zu den folgenden Adjektiven das jeweilige Adverb.

a. fortis ……………………………………………………

b. prudens ……………………………………………………

c. malus ……………………………………………………

d. verus ……………………………………………………

e. iustus ……………………………………………………

f. facilis ……………………………………………………

g. bonus ……………………………………………………

h. vehemens ……………………………………………………

4 Der Vergleich

Welche Vergleichsstufe liegt vor? Ordnen Sie zu:
melius, longissimus, facilior, plurimi, velocissime, pulchrior, plures, vetustius, plerique, celerrime

a. Komparativ	b. Superlativ
……………………………	……………………………
……………………………	……………………………
……………………………	……………………………
……………………………	……………………………
……………………………	……………………………

5 Das Pronomen

Welche Formenbestimmung der folgenden Pronomen ist richtig? Kreuzen Sie alle Möglichkeiten an.

a.	haec	Gen. Sg. f. ☐	Akk. Pl. n. ☐	Dat. Sg. f. ☐
b.	illi	Dat. Sg. n. ☐	Nom. Pl. m. ☐	Abl. Sg. n. ☐
c.	istis	Gen. Sg. m. ☐	Abl. Pl. f. ☐	Abl. Pl. m. ☐
d.	cuius	Nom. Sg. m. ☐	Gen. Sg. m. ☐	Gen. Pl. m. ☐
e.	meos	Abl. Pl. n. ☐	Akk. Pl. n. ☐	Akk. Pl. m. ☐
f.	earum	Nom. Sg. n. ☐	Gen. Pl. f. ☐	Gen. Pl. n. ☐
g.	aliqui	Nom. Sg. f. ☐	Nom. Pl. m. ☐	Gen. Sg. m. ☐

6 Das Verb

Verändern Sie Numerus, Modus, Tempus, Genus verbi oder Person der folgenden Verbformen wie in der Klammer angegeben.

a. monet (Numerus) ....

b. capiebam (Genus verbi) ....

c. audirent (Perfekt) ....

d. voceris (3. Person) ....

e. cepissemus (Modus) ....

f. erunt (Numerus) ....

g. potuero (Präsens) ....

h. velitis (Imperfekt) ....

7 Der einfache Satz
Bestimmen Sie die Satzgliedfunktion der hellblauen Wörter. Übersetzen Sie den ganzen Satz.

a. Ancillae in culinam **currunt** (......................................).

....

b. Domus avi **magna** (......................................) est.

....

c. **Cantare** (......................................) iuvat.

....

d. Dominus **servum** (......................................) laudat.

....

e. Marcus amicos ad **cenam** (......................................) vocavit.

....

8 Der Genitiv
Übersetzen Sie die folgenden Sätze.
Bestimmen Sie die jeweilige Funktion des Genitivs.

a. Socrates vir **magnae sapientiae** erat.

....

b. **Consulum** est exercitum ducere.

....

c. Quid **novi**?

....

d. Litterae fratris amicorumque Ciceroni plurimi sunt.

....

e. Timor hostium magnus erat.

....

9 Der Dativ
Welche Funktion hat der Dativ? Kreuzen Sie an. Übersetzen Sie die Sätze.

Obj.	Dat. comm.	Dat. auct.	Dat. poss.	Dat. fin.

a. Cui bono est?

☐	☐	☐	☐	☐

....

b. Pater filio ignaviam crimini dat.

☐	☐	☐	☐	☐

....

c. Fratri nomen est Quintus.

☐	☐	☐	☐	☐

....

d. Agricolae multi agri sunt.

☐	☐	☐	☐	☐

....

e. Amicus tibi ad cenam invitandus est.

☐	☐	☐	☐	☐

....

10 Der Akkusativ
Übersetzen Sie die folgenden Sätze.

a. Fortuna **fortes** adiuvat.

....

b. **Ciceronem consulem** creaverunt.

....

c. Hostes **exercitum Romanum** effugerunt.

....

d. Discipuli **domum** currunt.

....

e. Gallia victa Caesar **Romam** advenit.

....

f. Milites **dies noctesque iter** faciunt.

....

g. Heu **vos miseros**!

....

11 Der Ablativ
Übersetzen Sie die folgenden Ausdrücke und bestimmen Sie die Funktion des Ablativs.

a. vir magna virtute ....

....

b. equo vehi ....

....

c. aliquid maximo emere ....

....

d. metu vacare ....

....

e. consilio egere ....

....

f. maior fratre ....

....

g. paucis diebus ....

....

h. morte patris dolere ....

....

12 Der Infinitiv
Übersetzen Sie die folgenden Sätze.

a. Caesar milites pontem **facere** iussit.

....

b. Avus narrat se iuvenem fortiter **pugnavisse**.

....

c. Troia a Graecis **expugnata esse fertur**.

....

d. Apparet Graecos dolo Ulixis Troianos **superavisse**.

....

e. Catilina non sensit consilia sua **patere**.

....

13 Das Partizip
Übersetzen Sie die folgenden Sätze. Wie bezeichnet man die hervorgehobenen Konstruktionen?

a. **Pater ira incensus** (.......................................) filios increpat.

....

....

b. **Bello confecto** (.......................................) legati ad Caesarem veniunt.

....

....

c. **Caesar Britanniam expugnaturus** (...............................) multas legiones paravit.

....

....

d. **Caesare duce** (.......................................) Romani Galliam expugnaverunt.

....

....

e. Dominus **servas non laborantes** (.................................) admonuit.

....

....

14 Gerund und Gerundiv
Gerund oder Gerundiv?
Kreuzen Sie an und übersetzen Sie.

	Gerund	Gerundiv
a. Servus consilium **fugiendi** cepit.		
....		
b. Aeneae cum patre filioque Troia **relinquenda** est.		
....		
c. Hostes parati ad bellum **gerendum** fuerunt.		
....		
d. Milites omnem spem hostes **vincendi** dimiserunt.		
....		
e. Hae iniuriae graves **ferendae** non sunt.		
....		
f. Mihi occasio epistulam **scribendi** data est.		
....		

⑮ Der Hauptsatz

Bestimmen Sie die Art des Hauptsatzes.
Übersetzen Sie dann den ganzen Satz.

a. De ea re dubitavisses. ....

....

b. Romam eamus! ....

....

c. Sine te non valerem. ....

....

d. Ne dubitaveritis! ....

....

e. Utinam Marcus mox veniret! ....

....

f. Quando Cornelia in urbem advēnit? ....

....

g. Pueri, accurite! ....

....

h. Utrum manebimus an abimus? ....

....

i. Id heri vidi. ....

....

16 Der Nebensatz

Setzen Sie in den folgenden Sätzen die passende Konjunktion ein: si, ne, postquam, qui, ut, cum, ut, cum. Übersetzen Sie die Sätze.

a. Dei Aeneae imperaverunt, ... Italiam peteret.

....

....

b. Hannibal exercitum in Italiam duxit, ... Romanos superare vellet.

....

....

c. Tempestas nautas impedit, ... ad oram accedant.

....

....

d. .... Quintus hoc diceret, mentiretur.

....

....

e. Laelius, ... Romam reliquit, valde doluit.

....

....

f. Tyrannus tam crudelis fuit, ... ab multis timeretur.

....

....

g. .... servi laboravissent, a domino vituperati sunt.

....

....

h. Galli ad Caesarem venerunt, ... de pace agerent.

....

....

Lösungen

1. Das Substantiv
a. vitas, ā-Dekl.
b. deum, o-Dekl.
c. mare, 3. Dekl. (i-Stämme)
d. civis, 3. Dekl. (Mischklasse)
e. rei, ē-Dekl.
f. consuli (Dat.)/consule (Abl.), kons. Dekl. (Konsonantenstämme)
g. domibus, u-Dekl.
h. turres/turris, 3. Dekl. (i-Stämme)

2. Das Adjektiv
a. Gen. Sg. m./n./Nom. Pl. m., pulcher, -chra, -chrum
b. Gen. Pl. m./n., falsus, -a, -um
c. Dat./Abl. Sg. m./f./n., illustris, -is, -e
d. Akk. Sg. m./f., felix, -icis
e. Nom./Akk. Pl. n., brevis, -is, -e
f. Dat./Abl. Pl. m./f./n., celer, -is, -e

3. Das Adverb
a. fortiter
b. prudenter
c. male
d. vere *(wirklich)*/vero *(in der Tat)*
e. iuste
f. facile
g. bene
h. vehementer

4. Der Vergleich
a. Komparativ: melius, facilior, pulchrior, plures, vetustius
b. Superlativ: longissimus, plurimi, velocissime, plerique, celerrime

5. Das Pronomen
a. Akk. Pl. n.
b. Dat. Sg. n./Nom. Pl. m.
c. Abl. Pl. f./Abl. Pl. m.
d. Gen. Sg. m.
e. Akk. Pl. m.
f. Gen. Pl. f.
g. Nom. Pl. m.

6. Das Verb
a. monent
b. capiebar
c. audiverint
d. vocetur
e. ceperamus
f. erit
g. possum
h. velletis

7. Der einfache Satz
a. (Prädikat) *Die Sklavinnen laufen in die Küche.*
b. (Prädikatsnomen) *Das Haus des Großvaters ist groß.*
c. (Subjekt) *Singen macht Freude.*
d. (Akkusativobjekt) *Der Herr lobt seinen Skaven.*
e. (Adverbiale) *Marcus lud seine Freunde zum Essen ein.*

8. Der Genitiv
a. *Sokrates war ein sehr weiser Mann* (magnae sapientiae: Gen. qualitatis).
b. *Es ist Aufgabe der Konsuln* (consulum: Gen. possessivus), *das Heer zu führen.*
c. *Was [gibt's] Neues* (novi: Gen. partitivus)?
d. *Cicero bedeuten die Briefe seines Bruders und seiner Freunde* (fratris amicorumque: Gen. possessivus) *sehr viel* (plurimi: Gen. pretii).
e. *Die Angst der Feinde* (hostium: Gen. subiectivus)/*vor den Feinden* (hostium: Gen. obiectivus) *war groß.*

9. Der Dativ

a. cui: Dat. commodi, bono: Dat. finalis: *Wem gereicht es zum Guten?*
b. filio: Dat. commodi, crimini: Dat. finalis: *Der Vater macht dem Sohn seine Feigheit zum Vorwurf.*
c. fratri: Dativobjekt: *Der Bruder heißt Quintus.*
d. agricolae: Dat. possessivus: *Der Bauer besitzt viele Äcker.*
e. tibi: Dat. auctoris: *Der Freund muss von dir zum Essen eingeladen werden.*

10. Der Akkusativ

a. *Das Glück hilft den Tapferen.*
b. *Sie wählten Cicero zum Konsul.*
c. *Die Feinde flohen vor dem römischen Heer.*
d. *Die Schüler eilen nach Hause.*
e. *Nachdem Gallien besiegt war, kam Caesar in Rom an.*
f. *Die Soldaten marschieren Tag und Nacht.*
g. *Ach, ihr Armen!*

11. Der Ablativ

a. *ein sehr tüchtiger Mann,* Abl. qualitatis
b. *reiten,* Abl. instrumentalis
c. *etwas sehr teuer kaufen,* Abl. pretii
d. *frei von Angst sein,* Abl. separativus
e. *einen Rat benötigen,* Abl. separativus
f. *älter als der Bruder,* Abl. comparationis
g. *innerhalb weniger Tage,* Abl. temporis

12. Der Infinitiv

a. *Caesar befahl den Soldaten, eine Brücke zu bauen.*
b. *Der Großvater erzählt, dass er als junger Mann tapfer gekämpft habe.*
c. *Troja soll von den Griechen erobert worden sein.*
d. *Es scheint, dass die Griechen die Trojaner durch eine List des Odysseus besiegt haben.*
e. *Catilina merkte nicht, dass seine Pläne offenlagen.*

13. Das Partizip

a. *Zornentbrannt* (Part. coni., vorzeitig) *schimpft der Vater seine Söhne.*
b. *Nach Beendigung des Krieges* (Abl. abs., vorzeitig) *kommen Gesandte zu Caesar.*
c. *Caesar stellte viele Legionen bereit, um Britannien zu erobern* (Part. coni., nachzeitig).
d. *Unter Caesars Führung* (nominaler Abl. abs., gleichzeitig) *eroberten die Römer Gallien.*
e. *Der Herr ermahnte die Sklavinnen, weil sie nicht arbeiteten* (Part. coni., gleichzeitig).

14. Gerund und Gerundiv

a. Gerund: *Der Sklave fasste den Entschluss zu fliehen.*
b. Gerundiv: *Aeneas muss mit seinem Vater und seinem Sohn Troja verlassen.*
c. Gerundiv: *Die Feinde waren bereit, einen Krieg zu führen.*
d. Gerund: *Die Soldaten gaben alle Hoffnung auf, die Feinde zu besiegen.*
e. Gerundiv: *Diese schweren Ungerechtigkeiten dürfen nicht ertragen werden.*

f. Gerund: *Mir wurde die Gelegenheit gegeben, einen Brief zu schreiben.*

15. Der Hauptsatz

a. (irrealer) Aussagesatz (der Vergangenheit): *Daran hättest du gezweifelt.*
b. Begehrsatz (Aufforderung): *Lasst uns nach Rom fahren!*
c. (irrealer) Aussagesatz (der Gegenwart): *Ohne dich ginge es mir nicht gut.*
d. Begehrsatz (Verbot): *Zweifelt/zögert nicht!*
e. Begehrsatz (unerfüllbarer Wunsch): *Wenn doch Markus bald käme!*
f. Fragesatz (Wortfrage): *Wann ist Cornelia in der Stadt angekommen?*
g. Begehrsatz (Aufforderung): *Eilt herbei, Kinder!*
h. Fragesatz (Doppelfrage): *Bleiben wir oder gehen wir?*
i. (realer) Aussagesatz: *Das habe ich gestern gesehen.*

16. Der Nebensatz

a. ut (Finalsatz): *Die Götter befahlen Aeneas, nach Italien zu fahren.*
b. cum (Kausalsatz): *Hannibal führte sein Heer nach Italien, da er die Römer besiegen wollte.*
c. ne (Finalsatz): *Ein Sturm hindert die Seeleute daran, an der Küste anzulegen.*
d. si (Konditionalsatz): *Wenn Quintus das sagen würde, würde er lügen.*
e. postquam (Temporalsatz): *Nachdem Laelius Rom verlassen hatte, war er sehr traurig.*
f. ut (Konsekutivsatz): *Der Tyrann war so grausam, dass er von vielen gefürchtet wurde.*
g. cum (Konzessivsatz): *Obwohl die Sklaven gearbeitet hatten, wurden sie von ihrem Herrn getadelt.*
h. qui (Relativsatz mit finalem Nebensinn): *Zu Caesar kamen Gallier, die über den Frieden verhandeln sollten (= um über den Frieden zu verhandeln).*